Vahemere Köögi Retseptid 2023

Avasta Vahemere Köögi Võlusid Selle Köögiraamatuga, Mis on Täis Põnevaid Retsepte

Irina Pärn

Sisukord

Maroko Tagine köögiviljadega 9
Kikerhernesalati mähised selleriga 11
Grillitud köögiviljavardad 12
Täidisega Portobello seened tomatitega 14
Närbunud võilillerohelised magusa sibulaga 16
Seller ja sinepi rohelised 17
Köögivilja- ja tofupuder 18
Lihtsad Zoodles 20
Läätsede ja tomatite kaelarihmad 21
Vahemere köögiviljakauss 23
Grillitud köögivilja- ja hummuspakend 25
Hispaania rohelised oad 27
Maalähedane lillkapsa ja porgandi räsi 27
Röstitud lillkapsas ja tomatid 28
Röstitud tammetõrukõrvits 31
Praetud küüslaugu spinat 33
Küüslauguga praetud suvikõrvits piparmündiga 34
Hautatud Okra 35
Magusad köögiviljadega täidetud paprikad 36
Moussaka baklažaan 38
Köögiviljatäidisega viinamarjalehed 40
Grillitud baklažaanirullid 42
Krõbedad suvikõrvitsafritid 44
Juustumaitselised spinatipirukad 46

Kurgivõileivahammustused 48

Jogurti kaste 49

Tomat Bruschetta 50

Oliivide ja juustuga täidetud tomatid 52

Pipar Tapenaad 53

Koriander Falafel 54

Punase pipra hummus 56

Valge oa kastmine 57

Hummus jahvatatud lambaga 58

Baklažaanikaste 59

Köögiviljad Fritters 60

Bulguri lambalihapallid 62

Kurgihammustused 64

Täidisega avokaado 65

Pakitud ploomid 66

Marineeritud feta ja artišokk 67

Tuunikala kroketid 68

Suitsulõhe Crudités 70

Tsitrusviljadega marineeritud oliivid 71

Oliivide tapenaad anšoovistega 72

Kreeka deviled munad 74

Manchego kreekerid 76

Burrata Caprese Stack 78

Suvikõrvits-Ricotta Fritters sidruni-küüslaugu Aioliga 79

Lõhetäidisega kurgid 81

Kitsejuustu-makrellipasteet 82

Vahemere rasvapommide maitse 84

Avokaado Gazpacho 85

Krabikoogi salatitopsid 87

Apelsini-estragoni kana salati ümbris 89

Feta ja kinoa täidisega seened 91

Viie koostisosaga Falafel küüslaugu-jogurtikastmega 93

Sidrunikrevetid küüslaugu oliiviõliga 95

Krõbedad roheliste ubade friikartulid sidruni-jogurtikastmega 97

Omatehtud meresoola pitakrõpsud 99

Küpsetatud Spanakopita Dip 100

Röstitud pärlsibulakaste 102

Punase pipra tapenaad 104

Kreeka kartulikoored oliivide ja fetaga 106

Artišoki ja oliivipita lehtleib 108

Minikrabi koogid 110

Suvikõrvitsa Feta rullikud 112

Quinoa pizza muffinid 114

Rosmariini-kreeka pähkli leib 116

Maitsev Crabby Panini 119

Täiuslik pitsa ja kondiitritooted 121

Margherita Vahemere mudel 123

Kaasaskantavad pakitud piknikutükid 126

Frittata täidisega suvikõrvitsa- ja tomatilisandiga 127

Banaani-hapukooreleib 129

Kodune pita leib 131

Lameleivad võileivad 133

Mezze vaagen röstitud Zaatari pitaleivaga 135

Mini kana Shawarma 137

Baklažaani pitsa 139

Vahemere täistera pitsa 141

Spinati ja Feta Pita küpsetamine 142

Arbuusifeta ja palsamipitsa 144

Vürtsburgerid 145

Prosciutto – salat – tomati- ja avokaadovõileivad 147

Spinatipirukas 149

Feta kana burgerid 151

Röstitud sealiha tacode jaoks 153

Itaalia õuna- oliiviõli kook 155

Kiire tilapia punase sibula ja avokaadoga 157

Grillitud kala sidrunitel 159

Weeknight Sheet Pan Fish Dinner 161

Krõbedad polenta kalapulgad 163

Lõhepanni õhtusöök 165

Toscana tuunikala ja suvikõrvitsa burgerid 167

Sitsiilia lehtkapsa ja tuunikala kauss 169

Vahemere tursahautis 171

Aurutatud rannakarbid valge veini kastmes 173

Apelsini ja küüslaugu krevetid 175

Röstitud krevetid-gnocchi küpsetamine 177

Vürtsikas krevett Puttanesca 179

Itaalia tuunikala võileivad 181

Tilli lõhe salati wrapid 183

White Clam Pizza Pie 185

Küpsetatud ubade kalajahu 187

Seene-tursahautis 188

Maitsestatud mõõkkala 190

Anšoovise pastamaania 192

Krevettide küüslaugupasta 193

Äädikas Honeyed Salmon 195

Apelsini kalajahu 196

Krevettide Zoodles 197

Spargli forellijahu 198

Kale Oliivi tuunikala 200

Teravad rosmariini krevetid 202

Spargli lõhe 204

Tuunikala pähkli salat 205

Kreveti supp 207

Vürtslõhe köögiviljakinoaga 209

Sinep Forell õuntega 211

Gnocchi krevettidega 213

Krevetid Saganaki 215

Vahemere lõhe 217

Maroko Tagine köögiviljadega

Valmistamisaeg: 20 minutit

Söögitegemise aeg: 40 minutit

Portsjonid: 2

Raskusaste: keskmine

Koostis:

- 2 spl oliiviõli
- ½ sibulat, tükeldatud
- 1 küüslauguküüs, hakitud
- 2 tassi lillkapsa õisikuid
- 1 keskmine porgand, lõigatud 1-tollisteks tükkideks
- 1 tass kuubikuteks lõigatud baklažaani
- 1 purk terveid tomateid mahlaga
- 1 (15 untsi / 425 g) purk kikerherneid
- 2 väikest punast kartulit
- 1 tass vett
- 1 tl puhast vahtrasiirupit
- ½ tl kaneeli
- ½ tl kurkumit
- 1 tl köömneid
- ½ tl soola
- 1 kuni 2 tl harissa pasta

Juhised:

Kuumuta Hollandi ahjus oliiviõli keskmisel-kõrgel kuumusel. Prae sibulat 5 minutit, aeg-ajalt segades või kuni sibul on läbipaistev.

Sega hulka küüslauk, lillkapsa õisikud, porgand, baklažaan, tomatid ja kartulid. Purusta tomatid puulusikaga väiksemateks tükkideks.

Lisage kikerherned, vesi, vahtrasiirup, kaneel, kurkum, köömned ja sool ning segage. Lase keema

Kui olete valmis, vähendage kuumust keskmisele-madalale. Sega hulka harissapasta, kata kaanega, lase podiseda umbes 40 minutit või kuni köögiviljad on pehmenenud. Maitse ja maitsesta vastavalt vajadusele. Laske enne serveerimist puhata.

Toitumine (100g kohta): 293 kalorit 9,9 g rasva 12,1 g süsivesikuid 11,2 g valku 811 mg naatriumi

Kikerhernesalati mähised selleriga

Valmistamisaeg: 10 minutit
Söögitegemise aeg: 0 minutit
Portsjonid: 4
Raskusaste: lihtne

Koostis:

- 1 (15 untsi / 425 g) purk madala naatriumisisaldusega kikerherneid
- 1 sellerivars, õhukeselt viilutatud
- 2 spl peeneks hakitud punast sibulat
- 2 spl soolata tahini
- 3 supilusikatäit mett sinepit
- 1 spl kapparid, nõrutamata
- 12 võisalatilehte

Juhised:

Püreesta kausis kikerherned kartulipuksuri või kahvli tagaosaga enamjaolt ühtlaseks massiks. Lisage kaussi seller, punane sibul, tahini, mesi sinep ja kapparid ning segage, kuni see on hästi segunenud.

Iga portsjoni jaoks asetage taldrikule kolm kattuvat salatilehte ja asetage peale ¼ kikerhernepüree täidist, seejärel keerake rulli. Korrake ülejäänud salatilehtede ja kikerherneseguga.

Toitumine (100g kohta): 182 kalorit 7,1 g rasva 3 g süsivesikuid 10,3 g valku 743 mg naatriumi

Grillitud köögiviljavardad

Valmistamisaeg: 15 minutit

Söögitegemise aeg: 10 minutit

Portsjonid: 4

Raskusaste: lihtne

Koostis:

- 4 keskmist punast sibulat, kooritud ja viilutatud 6 viiluks
- 4 keskmist suvikõrvitsat, lõigatud 1 tolli paksusteks viiludeks
- 2 veiselihatomatit, lõigatud neljandikku
- 4 punast paprikat
- 2 apelsini paprikat
- 2 kollast paprikat
- 2 supilusikatäit pluss 1 tl oliiviõli

Juhised:

Kuumuta grill keskmisel-kõrgel kuumusel. Varrastage köögiviljad vaheldumisi punast sibulat, suvikõrvitsat, tomatit ja erinevat värvi paprikat. Määri neid 2 spl oliiviõliga.

Õlitage grillrestid 1 tl oliiviõliga ja grillige juurviljavardaid 5 minutit. Pöörake vardasid ja grillige veel 5 minutit või kuni need on teie maitse järgi küpsed. Enne serveerimist lase varrastel 5 minutit jahtuda.

Toitumine (100g kohta): 115 kalorit 3 g rasva 4,7 g süsivesikuid 3,5 g valku 647 mg naatriumi

Täidisega Portobello seened tomatitega

Valmistamisaeg: 10 minutit

Söögitegemise aeg: 15 minutit

Portsjonid: 4

Raskusaste: keskmine

Koostis:

- 4 suurt portobello seenekübarat
- 3 supilusikatäit ekstra neitsioliiviõli
- Sool ja must pipar, maitse järgi
- 4 päikesekuivatatud tomatit
- 1 tass hakitud mozzarella juustu, jagatud
- ½ kuni ¾ tassi madala naatriumisisaldusega tomatikastet

Juhised:

Kuumuta broiler kõrgel kuumusel. Laota seenekübarad ahjuplaadile ja nirista peale oliiviõli. Puista peale soola ja pipraga. Prae 1o minutit, pooleldi seenekübaraid ümber pöörates, kuni pealt on pruunistunud.

Eemaldage praepannilt. Tõsta igale seenekübarale 1 tomat, 2 supilusikatäit juustu ja 2–3 supilusikatäit kastet. Pange seenekübarad tagasi broilerisse ja jätkake praadimist 2–3 minutit. Enne serveerimist jahuta 5 minutit.

Toitumine (100g kohta): 217 kalorit 15,8 g rasva 9 g süsivesikuid 11,2 g valku 793 mg naatriumi

Närbunud võililleroheilsed magusa sibulaga

Valmistamisaeg: 15 minutit
Söögitegemise aeg: 15 minutit
Portsjonid: 4
Raskusaste: lihtne

Koostis:

- 1 spl ekstra neitsioliiviõli
- 2 küüslauguküünt, hakitud
- 1 Vidalia sibul, õhukeselt viilutatud
- ½ tassi madala naatriumisisaldusega köögiviljapuljongit
- 2 kobarat võilillerohelist, jämedalt hakitud
- Värskelt jahvatatud must pipar, maitse järgi

Juhised:

Kuumuta suurel pannil madalal kuumusel oliiviõli. Lisa küüslauk ja sibul ning küpseta 2–3 minutit, aeg-ajalt segades või kuni sibul on läbipaistev.

Valage sisse köögiviljapuljong ja võililleroheilsed ning küpseta sageli segades 5–7 minutit, kuni need on närbunud. Puista peale musta pipart ja serveeri soojalt taldrikule.

Toitumine (100g kohta): 81 kalorit 3,9 g rasva 4 g süsivesikuid 3,2 g valku 693 mg naatriumi

Seller ja sinepi rohelised

Valmistamisaeg: 10 minutit

Söögitegemise aeg: 15 minutit

Portsjonid: 4

Raskusaste: keskmine

Koostis:

- ½ tassi madala naatriumisisaldusega köögiviljapuljongit
- 1 sellerivars, jämedalt tükeldatud
- ½ magusat sibulat, hakitud
- ½ suurt punast paprikat, õhukeselt viilutatud
- 2 küüslauguküünt, hakitud
- 1 hunnik sinepirohelist, jämedalt hakitud

Juhised:

Vala köögiviljapuljong suurele malmpannile ja lase keskmisel kuumusel podiseda. Segage seller, sibul, paprika ja küüslauk. Küpseta kaaneta umbes 3–5 minutit.

Lisa pannile sinepiroheline ja sega korralikult läbi. Alanda kuumust ja küpseta, kuni vedelik on aurustunud ja rohelised närbunud. Tõsta tulelt ja serveeri soojalt.

Toitumine (100g kohta): 39 kalorit 3,1 g valku 6,8 g süsivesikuid 3 g valku 736 mg naatriumi

Köögivilja- ja tofupuder

Valmistamisaeg: 5 minutit

Söögitegemise aeg: 10 minutit

Portsjonid: 2

Raskusaste: lihtne

Koostis:

- 2 spl ekstra neitsioliivõli
- ½ punast sibulat, peeneks hakitud
- 1 tass hakitud lehtkapsast
- 8 untsi (227 g) seeni, viilutatud
- 8 untsi (227 g) tofut, lõigatud tükkideks
- 2 küüslauguküünt, hakitud
- Näputäis punase pipra helbeid
- ½ tl meresoola
- 1/8 tl värskelt jahvatatud musta pipart

Juhised:

Küpseta oliiviõli keskmisel mittekleepuval pannil keskmisel kõrgel kuumusel, kuni see hakkab läikima. Lisa pannile sibul, lehtkapsas ja seened. Küpseta ja sega ebaregulaarselt või kuni köögiviljad hakkavad pruunistuma.

Lisa tofu ja prae segades 3–4 minutit, kuni see on pehmenenud. Sega juurde küüslauk, punase pipra helbed, sool ja must pipar ning küpseta 30 sekundit. Laske enne serveerimist puhata.

Toitumine (100g kohta): 233 kalorit 15,9 g rasva 2 g süsivesikuid 13,4 g valku 733 mg naatriumi

Lihtsad Zoodles

Valmistamisaeg: 10 minutit

Söögitegemise aeg: 5 minutit

Portsjonid: 2

Raskusaste: lihtne

Koostis:

- 2 spl avokaadoõli
- 2 keskmist suvikõrvitsat, spiraalselt vormitud
- ¼ teelusikatäit soola
- Värskelt jahvatatud must pipar, maitse järgi

Juhised:

Kuumuta avokaadoõli suurel pannil keskmisel kuumusel, kuni see läikima hakkab. Lisa pannile suvikõrvitsa nuudlid, sool ja must pipar ning viska katteks. Keeda ja sega pidevalt, kuni see on pehme. Serveeri soojalt.

Toitumine (100g kohta): 128 kalorit 14 g rasva 0,3 g süsivesikuid 0,3 g valku 811 mg naatriumi

Läätsede ja tomatite kaelarihmad

Valmistamisaeg: 15 minutit

Söögitegemise aeg: 0 minutit

Portsjonid: 4

Raskusaste: lihtne

Koostis:

- 2 tassi keedetud läätsi
- 5 roma tomatit, tükeldatud
- ½ tassi murendatud fetajuustu
- 10 suurt värsket basiilikulehte õhukesteks viiludeks
- ¼ tassi ekstra neitsioliiviõli
- 1 spl palsamiäädikat
- 2 küüslauguküünt, hakitud
- ½ tl toores mett
- ½ tl soola
- ¼ tl värskelt jahvatatud musta pipart
- 4 suurt kaeluslehte, varred eemaldatud

Juhised:

Kombineerige läätsed, tomatid, juust, basiilikulehed, oliiviõli, äädikas, küüslauk, mesi, sool ja must pipar ning segage hästi.

Asetage krae lehed tasasele tööpinnale. Tõsta lusikaga võrdsetes kogustes läätsesegu lehtede äärtele. Serveerimiseks rulli need kokku ja lõika pooleks.

Toitumine (100g kohta): 318 kalorit 17,6 g rasva 27,5 g süsivesikuid 13,2 g valku 800 mg naatriumi

Vahemere köögiviljakauss

Valmistamisaeg: 10 minutit

Söögitegemise aeg: 20 minutit

Portsjonid: 4

Raskusaste: keskmine

Koostis:

- 2 tassi vett
- 1 tass bulgurnisu nr 3 või kinoad, loputatud
- 1½ tl soola, jagatud
- 1 pint (2 tassi) pooleks lõigatud kirsstomateid
- 1 suur paprika, tükeldatud
- 1 suur kurk, tükeldatud
- 1 tass Kalamata oliive
- ½ tassi värskelt pressitud sidrunimahla
- 1 tass ekstra neitsioliiviõli
- ½ tl värskelt jahvatatud musta pipart

Juhised:

Keeda vesi keskmises potis keskmisel kuumusel. Lisa bulgur (või kinoa) ja 1 tl soola. Katke ja küpseta 15 kuni 20 minutit.

Köögiviljade paigutamiseks neljas kausis jagage iga kauss visuaalselt 5 ossa. Asetage keedetud bulgur ühte ossa. Seejärel lisage tomatid, paprika, kurgid ja oliivid.

Klopi kokku sidrunimahl, oliiviõli, ülejäänud ½ tl soola ja must pipar.

Tõsta kaste ühtlaselt 4 kausi peale. Serveeri kohe või kata ja pane hilisemaks külmkappi.

Toitumine (100g kohta): 772 kalorit 9 g rasva 6 g valku 41 g süsivesikuid 944 mg naatriumi

Grillitud köögivilja- ja hummuspakend

Valmistamisaeg: 15 minutit

Söögitegemise aeg: 10 minutit

Portsjonid: 6

Raskusaste: keskmine

Koostis:

- 1 suur baklažaan
- 1 suur sibul
- ½ tassi ekstra neitsioliiviõli
- 1 tl soola
- 6 lavash wrapi või suur pita leib
- 1 tass kreemjat traditsioonilist hummust

Juhised:

Eelkuumuta grill, suur grillpann või kergelt õlitatud suur pann keskmisel kuumusel. Lõika baklažaan ja sibul ringideks. Määri köögiviljad oliiviõliga ja puista peale soola.

Küpseta köögivilju mõlemalt poolt, mõlemalt poolt umbes 3–4 minutit. Mähise tegemiseks asetage lavašš või pita tasaseks. Laota ümbrisele umbes 2 spl hummust.

Jaotage köögiviljad ühtlaselt wrapide vahel, asetades need kihiti ühele wrapi küljele. Keerake köögiviljadega mähise külg ettevaatlikult kokku, keerake need sisse ja tehke tihe mähis.

Asetage ümbrisõmblus pool alla ja lõigake pooleks või kolmandikuks.

Samuti võite iga võileiva mähkida kilega, et see säilitaks oma kuju ja seda hiljem süüa.

Toitumine (100g kohta): 362 kalorit 10 g rasva 28 g süsivesikuid 15 g valku 736 mg naatriumi

Hispaania rohelised oad

Valmistamisaeg: 10 minutit
Söögitegemise aeg: 20 minutit
Portsjonid: 4
Raskusaste: lihtne

Koostis:

- ¼ tassi ekstra neitsioliiviõli
- 1 suur sibul, hakitud
- 4 küüslauguküünt, peeneks hakitud
- 1-naelsed rohelised oad, värsked või külmutatud, kärbitud
- 1½ tl soola, jagatud
- 1 (15 untsi) purk kuubikuteks lõigatud tomatit
- ½ tl värskelt jahvatatud musta pipart

Juhised:

Soojendage oliiviõli, sibulat ja küüslauku; küpseta 1 minut. Lõika rohelised oad 2-tollisteks tükkideks. Lisa potti rohelised oad ja 1 tl soola ning viska kõik kokku; küpseta 3 minutit. Lisa potti tükeldatud tomatid, ülejäänud ½ tl soola ja must pipar; jätkake küpsetamist veel 12 minutit, aeg-ajalt segades. Serveeri soojalt.

Toitumine (100g kohta): 200 kalorit 12 g rasva 18 g süsivesikuid 4 g valku 639 mg naatriumi

Maalähedane lillkapsa ja porgandi räsi

Valmistamisaeg: 10 minutit

Söögitegemise aeg: 10 minutit

Portsjonid: 4

Raskusaste: lihtne

Koostis:

- 3 supilusikatäit ekstra neitsioliiviõli
- 1 suur sibul, hakitud
- 1 spl küüslauku, hakitud
- 2 tassi porgandit, tükeldatud
- 4 tassi lillkapsa tükke, pestud
- 1 tl soola
- ½ tl jahvatatud köömneid

Juhised:

Küpseta oliiviõli, sibulat, küüslauku ja porgandeid 3 minutit. Lõika lillkapsas 1-tollisteks või hammustuste suurusteks tükkideks.

Lisage pannile lillkapsas, sool ja köömned ning segage porgandi ja sibulaga.

Katke ja küpseta 3 minutit. Viska sisse köögiviljad ja jätka küpsetamist veel 3–4 minutit. Serveeri soojalt.

Toitumine (100g kohta): 159 kalorit 17 g rasva 15 g süsivesikuid 3 g valku 569 mg naatriumi

Röstitud lillkapsas ja tomatid

Valmistamisaeg: 5 minutit

Söögitegemise aeg: 25 minutit

Portsjonid: 4

Raskusaste: keskmine

Koostis:

- 4 tassi lillkapsast, lõigatud 1-tollisteks tükkideks
- 6 spl ekstra neitsioliiviõli, jagatud
- 1 tl soola, jagatud
- 4 tassi kirsstomateid
- ½ tl värskelt jahvatatud musta pipart
- ½ tassi riivitud parmesani juustu

Juhised:

Kuumuta ahi temperatuurini 425 ° F. Lisa lillkapsas, 3 supilusikatäit oliiviõli ja ½ tl soola suurde kaussi ning sega ühtlaseks katteks. Laota ahjuplaadile ühtlase kihina.

Lisage teise suurde kaussi tomatid, ülejäänud 3 supilusikatäit oliiviõli ja ½ tl soola ning segage, et see kataks ühtlaselt. Valage teisele küpsetusplaadile. Pane lillkapsaleht ja tomatileht ahju 17–20 minutiks röstima, kuni lillkapsas on kergelt pruunistunud ja tomatid lihavad.

Tõsta lillkapsas spaatliga serveerimisnõusse ning raputa peale tomatit, musta pipart ja parmesani juustu. Serveeri soojalt.

Toitumine (100g kohta): 294 kalorit 14 g rasva 13 g süsivesikuid 9 g valku 493 mg naatriumi

Röstitud tammetõrukõrvits

Valmistamisaeg: 10 minutit

Söögitegemise aeg: 35 minutit

Portsjonid: 6

Raskusaste: keskmine

Koostis:

- 2 tammetõrukõrvitsat, keskmine kuni suur
- 2 spl ekstra neitsioliivõli
- 1 tl soola, lisaks veel maitsestamiseks
- 5 spl soolata võid
- ¼ tassi hakitud salveilehti
- 2 spl värskeid tüümiani lehti
- ½ tl värskelt jahvatatud musta pipart

Juhised:

Kuumuta ahi 400 °F-ni. Lõika tõrukõrvits pikuti pooleks. Kraapige seemned välja ja lõigake horisontaalselt ¾ tolli paksusteks viiludeks. Nirista kõrvits suures kausis üle oliiviõliga, puista peale soola ja viska katteks.

Laota tammetõrukõrvits ahjuplaadile tasaseks. Asetage küpsetusplaadile ahju ja küpsetage squash 20 minutit. Pöörake kõrvits spaatliga ümber ja küpsetage veel 15 minutit.

Pehmenda või keskmisel kuumusel keskmises kastrulis. Lisa sulavõile salvei ja tüümian ning lase 30 sekundit küpseda. Tõsta keedetud kõrvitsaviilud taldrikule. Tõsta lusikaga või/ürdisegu kõrvitsa peale. Maitsesta soola ja musta pipraga. Serveeri soojalt.

Toitumine (100g kohta): 188 kalorit 13 g rasva 16 g süsivesikuid 1 g valku 836 mg naatriumi

Praetud küüslaugu spinat

Valmistamisaeg: 5 minutit

Söögitegemise aeg: 10 minutit

Portsjonid: 4

Raskusaste: lihtne

Koostis:

- ¼ tassi ekstra neitsioliiviõli
- 1 suur sibul, õhukeselt viilutatud
- 3 küüslauguküünt, hakitud
- 6 (1 naela) kotti beebispinatit, pestud
- ½ tl soola
- 1 sidrun, viiludeks lõigatud

Juhised:

Prae oliiviõli, sibulat ja küüslauku suurel pannil keskmisel kuumusel 2 minutit. Lisage üks kott spinatit ja ½ tl soola. Kata pann kaanega ja lase spinatil 30 sekundit taheneda. Korrake (sool välja jättes), lisades korraga 1 kott spinatit.

Kui kogu spinat on lisatud, eemalda kaas ja küpseta 3 minutit, lastes osal niiskusest aurustuda. Serveeri soojalt koos sidrunikoorega.

Toitumine (100g kohta): 301 kalorit 12 g rasva 29 g süsivesikuid 17 g valku 639 mg naatriumi

Küüslauguga praetud suvikõrvits piparmündiga

Valmistamisaeg: 5 minutit

Söögitegemise aeg: 10 minutit

Portsjonid: 4

Raskusaste: lihtne

Koostis:

- 3 suurt rohelist suvikõrvitsat
- 3 supilusikatäit ekstra neitsioliiviõli
- 1 suur sibul, hakitud
- 3 küüslauguküünt, hakitud
- 1 tl soola
- 1 tl kuivatatud piparmünt

Juhised:

Lõika suvikõrvits ½-tollisteks kuubikuteks. Küpseta oliiviõli, sibulat ja küüslauku 3 minutit, pidevalt segades.

Lisage suvikõrvits ja sool pannile ning segage sibula ja küüslauguga, küpseta 5 minutit. Lisa pannile piparmünt, sega kokku. Küpseta veel 2 minutit. Serveeri soojalt.

Toitumine (100g kohta): 147 kalorit 16 g rasva 12 g süsivesikuid 4 g valku 723 mg naatriumi

Hautatud Okra

Valmistamisaeg: 55 minutit

Söögitegemise aeg: 25 minutit

Portsjonid: 4

Raskusaste: lihtne

Koostis:

- ¼ tassi ekstra neitsioliiviõli
- 1 suur sibul, hakitud
- 4 küüslauguküünt, peeneks hakitud
- 1 tl soola
- 1 nael värsket või külmutatud okrat, puhastatud
- 1 (15 untsi) purk tavalist tomatikastet
- 2 tassi vett
- ½ tassi värsket koriandrit, peeneks hakitud
- ½ tl värskelt jahvatatud musta pipart

Juhised:

Sega ja küpseta oliiviõli, sibulat, küüslauku ja soola 1 minut. Sega juurde okra ja küpseta 3 minutit.

Lisa tomatikaste, vesi, koriander ja must pipar; segage, katke ja laske aeg-ajalt segades 15 minutit küpsetada. Serveeri soojalt.

Toitumine (100g kohta): 201 kalorit 6 g rasva 18 g süsivesikuid 4 g valku 693 mg naatriumi

Magusad köögiviljadega täidetud paprikad

Valmistamisaeg: 20 minutit

Söögitegemise aeg: 30 minutit

Portsjonid: 6

Raskusaste: keskmine

Koostis:

- 6 suurt paprikat, erinevat värvi
- 3 supilusikatäit ekstra neitsioliiviõli
- 1 suur sibul, hakitud
- 3 küüslauguküünt, hakitud
- 1 porgand, tükeldatud
- 1 (16 untsi) purk garbanzo ube, loputatud ja nõrutatud
- 3 tassi keedetud riisi
- 1½ teelusikatäit soola
- ½ tl värskelt jahvatatud musta pipart

Juhised:

Kuumuta ahi temperatuurini 350 °F. Valige kindlasti paprikad, mis võivad püsti seista. Lõigake piprakork ära ja eemaldage seemned, jättes korgi hilisemaks. Tõsta paprikad ahjuvormi.

Kuumutage oliiviõli, sibulat, küüslauku ja porgandeid 3 minutit. Sega hulka garbanzo oad. Küpseta veel 3 minutit. Tõsta pannilt tulelt välja ja tõsta lusikaga küpsenud koostisosad suurde kaussi. Lisage riis, sool ja pipar; viska kombineerida.

Täitke iga paprika ülaosaga ja seejärel pange piprakorgid tagasi. Kata ahjuvorm alumiiniumfooliumiga ja küpseta 25 minutit. Tõmmake foolium välja ja küpsetage veel 5 minutit. Serveeri soojalt.

Toitumine (100g kohta): 301 kalorit 15 g rasva 50 g süsivesikuid 8 g valku 803 mg naatriumi

Moussaka baklažaan

Valmistamisaeg: 55 minutit

Söögitegemise aeg: 40 minutit

Portsjonid: 6

Raskusaste: raske

Koostis:

- 2 suurt baklažaani
- 2 tl soola, jagatud
- Oliiviõli pihusti
- ¼ tassi ekstra neitsioliiviõli
- 2 suurt sibulat, viilutatud
- 10 küüslauguküünt, viilutatud
- 2 (15 untsi) purki tükeldatud tomatit
- 1 (16 untsi) purk garbanzo ube, loputatud ja nõrutatud
- 1 tl kuivatatud pune
- ½ tl värskelt jahvatatud musta pipart

Juhised:

Lõika baklažaan horisontaalselt ¼ tolli paksusteks ümmargusteks ketasteks. Puista baklažaaniviilud 1 tl soolaga ja aseta 30 minutiks kurn.

Kuumuta ahi 450 ° F-ni. Patsuta baklažaaniviilud paberrätikuga kuivaks ja pihusta mõlemalt poolt oliiviõlipritsiga või pintselda mõlemat poolt kergelt oliiviõliga.

Pane baklažaan ühe kihina küpsetusplaadile kokku. Asetage ahju ja küpsetage 10 minutit. Seejärel keerake viilud spaatliga ümber ja küpsetage veel 10 minutit.

Prae oliiviõli, sibul, küüslauk ja ülejäänud 1 tl soola. Küpseta 5 minutit harva segades. Lisa tomatid, garbanzo oad, pune ja must pipar. Hauta ebaregulaarselt segades 12 minutit.

Kasutades sügavat pajarooga, alusta kihtidega, alusta baklažaanist, seejärel kastmest. Korrake, kuni kõik koostisosad on kasutatud. Küpseta ahjus 20 minutit. Võta ahjust välja ja serveeri soojalt.

Toitumine (100g kohta): 262 kalorit 11 g rasva 35 g süsivesikuid 8 g valku 723 mg naatriumi

Köögiviljatäidisega viinamarjalehed

Valmistamisaeg: 50 minutit

Söögitegemise aeg: 45 minutit

Portsjonid: 8

Raskusaste: keskmine

Koostis:

- 2 tassi valget riisi, loputatud
- 2 suurt tomatit, peeneks viilutatud
- 1 suur sibul, peeneks hakitud
- 1 roheline sibul, peeneks hakitud
- 1 tass värsket Itaalia peterselli, peeneks hakitud
- 3 küüslauguküünt, hakitud
- 2½ teelusikatäit soola
- ½ tl värskelt jahvatatud musta pipart
- 1 (16 untsi) purk viinamarjalehte
- 1 tass sidrunimahla
- ½ tassi ekstra neitsioliiviõli
- 4 kuni 6 tassi vett

Juhised:

Kombineeri riis, tomatid, sibul, roheline sibul, petersell, küüslauk, sool ja must pipar. Nõruta ja loputa viinamarjalehed. Valmistage ette suur pott, asetades selle põhjale kihi viinamarjalehti. Asetage iga leht tasaseks ja lõigake ära kõik varred.

Aseta iga lehe põhjale 2 supilusikatäit riisisegu. Voldi küljed üle, seejärel rulli nii tihedalt kui võimalik. Pange rulli keeratud viinamarjalehed potti, joondades iga rulli keeratud viinamarjalehe. Jätka rulli keeratud viinamarjalehtede kihistamist.

Valage viinamarjalehtedele õrnalt sidrunimahl ja oliiviõli ning lisage nii palju vett, et viinamarjalehed oleksid 1 tolli võrra kaetud. Asetage poti avast väiksem raske taldrik tagurpidi viinamarjalehtedele. Kata pott kaanega ja küpseta lehti keskmisel-madalal kuumusel 45 minutit. Enne serveerimist lase 20 minutit seista. Serveeri soojalt või külmalt.

Toitumine (100g kohta):532 kalorit 15 g rasva 80 g süsivesikuid 12 g valku 904 mg naatriumi

Grillitud baklažaanirullid

Valmistamisaeg: 30 minutit

Söögitegemise aeg: 10 minutit

Portsjonid: 6

Raskusaste: keskmine

Koostis:

- 2 suurt baklažaani
- 1 tl soola
- 4 untsi kitsejuustu
- 1 tass ricottat
- ¼ tassi värsket basiilikut, peeneks hakitud
- ½ tl värskelt jahvatatud musta pipart
- Oliiviõli pihusti

Juhised:

Lõika baklažaanide pealsed ja lõika baklažaanid pikuti ¼ tolli paksusteks viiludeks. Puista viilud soolaga ja aseta baklažaan 15–20 minutiks kurni.

Vahusta kitsejuust, ricotta, basiilik ja pipar. Eelkuumuta grill, grillpann või kergelt õliga määritud pann keskmisel kuumusel. Kuivatage baklažaaniviilud ja piserdage kergelt oliiviõliga. Asetage baklažaan grillile, grillpannile või pannile ja küpseta 3 minutit mõlemalt poolt.

Tõsta baklažaan tulelt ja lase 5 minutit jahtuda. Rullimiseks lao üks baklažaaniviil lamedaks, aseta viilu põhjale supilusikatäis juustusegu ja keera kokku. Serveeri kohe või jahuta kuni serveerimiseni.

Toitumine (100g kohta): 255 kalorit 7 g rasva 19 g süsivesikuid 15 g valku 793 mg naatriumi

Krõbedad suvikõrvitsafritid

Valmistamisaeg: 15 minutit

Söögitegemise aeg: 20 minutit

Portsjonid: 6

Raskusaste: lihtne

Koostis:

- 2 suurt rohelist suvikõrvitsat
- 2 spl Itaalia peterselli, peeneks hakitud
- 3 küüslauguküünt, hakitud
- 1 tl soola
- 1 tass jahu
- 1 suur muna, lahtiklopitud
- ½ tassi vett
- 1 tl küpsetuspulbrit
- 3 tassi taime- või avokaadoõli

Juhised:

Riivi suvikõrvits suurde kaussi. Lisa kaussi petersell, küüslauk, sool, jahu, muna, vesi ja küpsetuspulber ning sega ühtlaseks. Kuumuta suures potis või fritüüris keskmisel kuumusel õli temperatuurini 365 °F.

Tõsta fritüüri taigen lusikate kaupa kuuma õli sisse. Keera fritüürid lusikaga ümber ja prae, kuni need on kuldpruunid, umbes 2–3 minutit. Kurna fritüürid õlist ja aseta paberrätikutega kaetud taldrikule. Serveeri soojalt koos kreemja tzatziki või kreemja traditsioonilise hummusega dipikastmena.

Toitumine (100g kohta): 446 kalorit 2 g rasva 19 g süsivesikuid 5 g valku 812 mg naatriumi

Juustumaitselised spinatipirukad

Valmistamisaeg: 20 minutit

Söögitegemise aeg: 40 minutit

Portsjonid: 8

Raskusaste: raske

Koostis:

- 2 spl ekstra neitsioliiviõli
- 1 suur sibul, hakitud
- 2 küüslauguküünt, hakitud
- 3 (1 naela) kotti beebispinatit, pestud
- 1 tass fetajuustu
- 1 suur muna, lahtiklopitud
- Lehttainalehed

Juhised:

Kuumuta ahi temperatuurini 375 ° F. Kuumutage oliiviõli, sibulat ja küüslauku 3 minutit. Lisage spinat pannile üks kott korraga, laske sellel iga koti vahel närbuda. Viska tangidega. Küpseta 4 minutit. Kui spinat on keedetud, eemaldage pannilt liigne vedelik.

Sega suures kausis fetajuust, muna ja keedetud spinat. Laota lehttaigen tasapinnaliselt letile. Lõika tainas 3-tollisteks ruutudeks. Aseta supilusikatäis spinatisegu lehttaigna ruudu keskele. Kortsuta üle ruudu ühe nurga diagonaalnurgani, moodustades kolmnurga. Suruge piruka servad kokku, surudes need kahvli piidega alla. Korrake, kuni kõik ruudud on täidetud.

Asetage pirukad pärgamendiga kaetud küpsetusplaadile ja küpsetage 25–30 minutit või kuni need on kuldpruunid. Serveeri soojalt või toatemperatuuril.

Toitumine (100g kohta): 503 kalorit 6 g rasva 38 g süsivesikuid 16 g valku 836 mg naatriumi

Kurgivõileivahammustused

Valmistamisaeg: 5 minutit

Söögitegemise aeg: 0 minutit

Portsjonid: 12

Raskusaste: lihtne

Koostis:

- 1 kurk, viilutatud
- 8 viilu täisteraleiba
- 2 spl toorjuustu, pehme
- 1 spl murulauku, hakitud
- ¼ tassi avokaadot, kooritud, kivideta ja püreeks
- 1 tl sinepit
- Sool ja must pipar maitse järgi

Juhised:

Määri igale saiaviilule püreestatud avokaado, laota peale ka ülejäänud ained peale kurgiviilud.

Jaga kurgiviilud leivaviiludele, lõika iga viil kolmandikuks, laota vaagnale ja serveeri eelroana.

Toitumine (100g kohta): 187 kalorit 12,4 g rasva 4,5 g süsivesikuid 8,2 g valku 736 mg naatriumi

Jogurti kaste

Valmistamisaeg: 10 minutit

Söögitegemise aeg: 0 minutit

Portsjonid: 6

Raskusaste: lihtne

Koostis:

- 2 tassi kreeka jogurtit
- 2 spl pistaatsiapähklit, röstitud ja tükeldatud
- Näputäis soola ja valget pipart
- 2 spl piparmünt, hakitud
- 1 spl kalamata oliive, kivideta ja tükeldatud
- ¼ tassi zaatari vürtsi
- ¼ tassi granaatõunaseemneid
- 1/3 tassi oliiviõli

Juhised:

Sega jogurt pistaatsiapähklite ja ülejäänud koostisosadega, klopi korralikult läbi, jaota väikestesse pokaalidesse ja serveeri pita laastudega küljel.

Toitumine (100g kohta): 294 kalorit 18 g rasva 2 g süsivesikuid 10 g valku 593 mg naatriumi

Tomat Bruschetta

Valmistamisaeg: 10 minutit

Söögitegemise aeg: 10 minutit

Portsjonid: 6

Raskusaste: lihtne

Koostis:

- 1 baguette, viilutatud
- 1/3 tassi basiilikut, hakitud
- 6 tomatit, kuubikuteks
- 2 küüslauguküünt, hakitud
- Näputäis soola ja musta pipart
- 1 tl oliiviõli
- 1 spl palsamiäädikat
- ½ tl küüslaugupulbrit
- Toiduvalmistamise pihusti

Juhised:

Aseta baguette'i viilud küpsetuspaberiga kaetud ahjuplaadile, määri küpsetuspritsiga. Küpseta 10 minutit 400 kraadi juures.

Kombineerige tomatid basiiliku ja ülejäänud koostisosadega, segage hästi ja jätke 10 minutiks kõrvale. Jaga tomatisegu igale baguette'i viilule, laota need kõik vaagnale ja serveeri.

Toitumine (100g kohta): 162 kalorit 4 g rasva 29 g süsivesikuid 4 g valku 736 mg naatriumi

Oliivide ja juustuga täidetud tomatid

Valmistamisaeg: 10 minutit

Söögitegemise aeg: 0 minutit

Portsjonid: 24

Raskusaste: lihtne

Koostis:

- 24 kirsstomatit, pealt ära lõigatud ja sisemused välja kühveldatud
- 2 spl oliiviõli
- ¼ tl punase pipra helbeid
- ½ tassi fetajuustu, purustatud
- 2 spl musta oliivipastat
- ¼ tassi piparmünt, rebitud

Juhised:

Sega kausis oliivipasta ülejäänud koostisosadega, välja arvatud kirsstomatid, ja klopi korralikult läbi. Täida kirsstomatid selle seguga, laota need kõik vaagnale ja serveeri eelroana.

Toitumine (100g kohta): 136 kalorit 8,6 g rasva 5,6 g süsivesikuid 5,1 g valku 648 mg naatriumi

Pipar Tapenaad

Valmistamisaeg: 10 minutit

Söögitegemise aeg: 0 minutit

Portsjonid: 4

Raskusaste: lihtne

Koostis:

- 7 untsi röstitud punast paprikat, tükeldatud
- ½ tassi parmesani, riivitud
- 1/3 tassi peterselli, hakitud
- 14 untsi konserveeritud artišokki, nõrutatud ja tükeldatud
- 3 supilusikatäit oliiviõli
- ¼ tassi kapparid, nõrutatud
- 1 ja ½ supilusikatäit sidrunimahla
- 2 küüslauguküünt, hakitud

Juhised:

Segage segistis punased paprikad parmesani ja ülejäänud koostisosadega ning pulseerige hästi. Jaga pokaalidesse ja serveeri suupistena.

Toitumine (100g kohta): 200 kalorit 5,6 g rasva 12,4 g süsivesikuid 4,6 g valku 736 mg naatriumi

Koriander Falafel

Valmistamisaeg: 10 minutit

Söögitegemise aeg: 10 minutit

Portsjonid: 8

Raskusaste: lihtne

Koostis:

- 1 tass konserveeritud garbanzo ube
- 1 hunnik peterselli lehti
- 1 kollane sibul, hakitud
- 5 küüslauguküünt, hakitud
- 1 tl koriandrit, jahvatatud
- Näputäis soola ja musta pipart
- ¼ tl Cayenne'i pipart
- ¼ teelusikatäit söögisoodat
- ¼ tl köömne pulbrit
- 1 tl sidrunimahla
- 3 spl tapiokijahu
- Oliiviõli praadimiseks

Juhised:

Sega köögikombainis oad peterselli, sibula ja ülejäänud koostisosadega, välja arvatud õli ja jahu, ja pulsi hästi. Tõsta segu kaussi, lisa jahu, sega korralikult läbi, vormi sellest segust 16 pallikest ja lameda neid veidi.

Kuumuta pann keskmisel-kõrgel kuumusel, lisa falafelid, küpseta neid 5 minutit mõlemalt poolt, pane paberrätikutesse, nõruta liigne rasv, laota vaagnale ja serveeri eelroana.

Toitumine (100g kohta): 122 kalorit 6,2 g rasva 12,3 g süsivesikuid 3,1 g valku 699 mg naatriumi

Punase pipra hummus

Valmistamisaeg: 10 minutit

Söögitegemise aeg: 0 minutit

Portsjonid: 6

Raskusaste: lihtne

Koostis:

- 6 untsi röstitud punast paprikat, kooritud ja tükeldatud
- 16 untsi konserveeritud kikerherneid, nõrutatud ja loputatud
- ¼ tassi kreeka jogurtit
- 3 spl tahini pasta
- 1 sidruni mahl
- 3 küüslauguküünt, hakitud
- 1 spl oliiviõli
- Näputäis soola ja musta pipart
- 1 spl petersell, hakitud

Juhised:

Segage köögikombainis punased paprikad ülejäänud koostisosadega, välja arvatud õli ja petersell, ja pulseerige hästi. Lisa õli, pulsi uuesti, jaga pokaalidesse, puista peale petersell ja serveeri peomäärdena.

Toitumine (100g kohta): 255 kalorit 11,4 g rasva 17,4 g süsivesikuid 6,5 g valku 593 mg naatriumi

Valge oa kastmine

Valmistamisaeg: 10 minutit

Söögitegemise aeg: 0 minutit

Portsjonid: 4

Raskusaste: lihtne

Koostis:

- 15 untsi konserveeritud valgeid ube, nõrutatud ja loputatud
- 6 untsi konserveeritud artišokisüdameid, nõrutatud ja neljaks lõigatud
- 4 küüslauguküünt, hakitud
- 1 spl basiilikut, hakitud
- 2 spl oliiviõli
- ½ sidruni mahl
- ½ sidruni koor, riivitud
- Sool ja must pipar maitse järgi

Juhised:

Segage köögikombainis oad artišokkide ja ülejäänud koostisosadega, välja arvatud õli ja pulss. Lisage õli järk-järgult, pulseerige segu uuesti, jagage tassidesse ja serveerige peoks.

Toitumine (100g kohta): 27 kalorit 11,7 g rasva 18,5 g süsivesikuid 16,5 g valku 668 mg naatriumi

Hummus jahvatatud lambaga

Valmistamisaeg: 10 minutit

Söögitegemise aeg: 15 minutit

Portsjonid: 8

Raskusaste: lihtne

Koostis:

- 10 untsi hummust
- 12 untsi lambaliha, jahvatatud
- ½ tassi granaatõunaseemneid
- ¼ tassi peterselli, hakitud
- 1 spl oliiviõli
- Serveerimiseks pitakrõpsud

Juhised:

Kuumuta pann keskmisel kuumusel, küpseta liha ja pruunista sageli segades 15 minutit. Laota vaagnale hummus, laota peale lambaliha, laota peale ka granaatõunaseemned ja petersell ning serveeri vahepalana pita laastudega.

Toitumine (100g kohta): 133 kalorit 9,7 g rasva 6,4 g süsivesikuid 5,4 g valku 659 mg naatriumi

Baklažaanikaste

Valmistamisaeg: 10 minutit

Söögitegemise aeg: 40 minutit

Portsjonid: 4

Raskusaste: lihtne

Koostis:

- 1 baklažaan, torgatud kahvliga
- 2 spl tahini pasta
- 2 spl sidrunimahla
- 2 küüslauguküünt, hakitud
- 1 spl oliiviõli
- Sool ja must pipar maitse järgi
- 1 spl petersell, hakitud

Juhised:

Pane baklažaan röstimispannile, küpseta 400 kraadi juures 40 minutit, jahuta maha, koori ja tõsta köögikombaini. Blenderda ülejäänud koostisosad peale petersellli, pulbeeri korralikult läbi, jaga väikestesse kaussidesse ja serveeri eelroana, millele on peale puistatud petersell.

Toitumine (100g kohta): 121 kalorit 4,3 g rasva 1,4 g süsivesikuid 4,3 g valku 639 mg naatriumi

Köögiviljad Fritters

Valmistamisaeg: 10 minutit
Söögitegemise aeg: 10 minutit
Portsjonid: 8
Raskusaste: lihtne

Koostis:

- 2 küüslauguküünt, hakitud
- 2 kollast sibulat, hakitud
- 4 sibulat, hakitud
- 2 porgandit, riivitud
- 2 tl köömneid, jahvatatud
- ½ tl kurkumipulbrit
- Sool ja must pipar maitse järgi
- ¼ tl koriandrit, jahvatatud
- 2 spl peterselli, hakitud
- ¼ tl sidrunimahla
- ½ tassi mandlijahu
- 2 peeti, kooritud ja riivitud
- 2 muna, lahtiklopitud
- ¼ tassi tapiokijahu
- 3 supilusikatäit oliiviõli

Juhised:

Segage kausis küüslauk sibulate, talisibulate ja ülejäänud koostisosadega, välja arvatud õli, segage hästi ja vormige sellest segust keskmised fritüürid.

Kuumuta pann keskmisel-kõrgel kuumusel, aseta fritüürid, küpseta mõlemalt poolt 5 minutit, laota vaagnale ja serveeri.

Toitumine (100g kohta): 209 kalorit 11,2 g rasva 4,4 g süsivesikuid 4,8 g valku 726 mg naatriumi

Bulguri lambalihapallid

Valmistamisaeg: 10 minutit

Söögitegemise aeg: 15 minutit

Portsjonid: 6

Raskusaste: lihtne

Koostis:

- 1 ja ½ tassi kreeka jogurtit
- ½ tl köömneid, jahvatatud
- 1 tass kurk, hakitud
- ½ tl küüslauku, hakitud
- Näputäis soola ja musta pipart
- 1 tass bulgurit
- 2 tassi vett
- 1-kilone lambaliha, jahvatatud
- ¼ tassi peterselli, hakitud
- ¼ tassi šalottsibulat, hakitud
- ½ tl pipart, jahvatatud
- ½ tl kaneelipulbrit
- 1 spl oliiviõli

Juhised:

Sega bulgur veega, kata kauss, jäta 10 minutiks kõrvale, nõruta ja tõsta kaussi. Lisa liha, jogurt ja ülejäänud koostisosad peale õli, sega korralikult läbi ja vormi sellest segust keskmised lihapallid. Kuumuta pann keskmisel-kõrgel kuumusel, aseta lihapallid, küpseta neid mõlemalt poolt 7 minutit, laota kõik vaagnale ja serveeri eelroana.

Toitumine (100g kohta): 300 kalorit 9,6 g rasva 22,6 g süsivesikuid 6,6 g valku 644 mg naatriumi

Kurgihammustused

Valmistamisaeg: 10 minutit

Söögitegemise aeg: 0 minutit

Portsjonid: 12

Raskusaste: lihtne

Koostis:

- 1 inglise kurk, viilutatud 32 ringiks
- 10 untsi hummust
- 16 kirsstomatit, poolitatud
- 1 spl petersell, hakitud
- 1 unts fetajuustu, purustatud

Juhised:

Määri igale kurgiringile hummust, jaga mõlemale tomatipoolikud, puista peale juustu ja peterselli ning serveeri eelroana.

Toitumine (100g kohta): 162 kalorit 3,4 g rasva 6,4 g süsivesikuid 2,4 g valku 702 mg naatriumi

Täidisega avokaado

Valmistamisaeg: 10 minutit

Söögitegemise aeg: 0 minutit

Portsjonid: 2

Raskusaste: lihtne

Koostis:

- 1 avokaado, poolitatud ja kivideta
- 10 untsi tuunikalakonservi, nõrutatud
- 2 spl päikesekuivatatud tomateid, tükeldatud
- 1 ja ½ supilusikatäit basiiliku pestot
- 2 spl musti oliive, kivideta ja tükeldatud
- Sool ja must pipar maitse järgi
- 2 tl piiniaseemneid, röstitud ja hakitud
- 1 spl basiilikut, hakitud

Juhised:

Sega tuunikala päikesekuivatatud tomatite ja ülejäänud koostisosadega peale avokaado ning sega läbi. Täida avokaadopoolikud tuunikala seguga ja serveeri eelroana.

Toitumine (100g kohta): 233 kalorit 9 g rasva 11,4 g süsivesikuid 5,6 g valku 735 mg naatriumi

Pakitud ploomid

Valmistamisaeg: 5 minutit
Söögitegemise aeg: 0 minutit
Portsjonid: 8
Raskusaste: lihtne

Koostis:

- 2 untsi prosciuttot, lõigatud 16 tükiks
- 4 ploomi, neljaks lõigatud
- 1 spl murulauku, hakitud
- Näputäis punase pipra helbeid, purustatud

Juhised:

Mähi iga ploomiveerand prosciutto viilu sisse, laota need kõik vaagnale, puista peale murulauku ja piprahelbeid ning serveeri.

Toitumine (100g kohta): 30 kalorit 1 g rasva 4 g süsivesikuid 2 g valku 439 mg naatriumi

Marineeritud feta ja artišokk

Ettevalmistusaeg: 10 minutit, pluss 4 tundi passiivset aega

Söögitegemise aeg: 10 minutit

Portsjonid: 2

Raskusaste: lihtne

Koostis:

- 4 untsi traditsioonilist Kreeka fetat, lõigatud ½-tollisteks kuubikuteks
- 4 untsi nõrutatud artišokisüdameid, pikuti neljaks lõigatud
- 1/3 tassi ekstra neitsioliiviõli
- 1 sidruni koor ja mahl
- 2 supilusikatäit jämedalt hakitud värsket rosmariini
- 2 supilusikatäit jämedalt hakitud värsket peterselli
- ½ tl musta pipart

Juhised:

Sega klaaskausis feta ja artišokisüdamed. Lisage oliiviõli, sidrunikoor ja -mahl, rosmariin, petersell ja pipraterad ning segage õrnalt, et feta ei mureneks.

Jahuta 4 tundi või kuni 4 päeva. Võta 30 minutit enne serveerimist külmkapist välja.

Toitumine (100g kohta): 235 kalorit 23 g rasva 1 g süsivesikuid 4 g valku 714 mg naatriumi

Tuunikala kroketid

Ettevalmistusaeg: 40 minutit, pluss tundi kuni üleöö jahutamiseks

Söögitegemise aeg: 25 minutit

Portsjonid: 36

Raskusaste: raske

Koostis:

- 6 supilusikatäit ekstra neitsioliiviõli, pluss 1 kuni 2 tassi
- 5 spl mandlijahu, pluss 1 tass, jagatud
- 1¼ tassi rasket koort
- 1 (4 untsi) purk oliiviõliga pakitud kollauim-tuunikala
- 1 spl hakitud punast sibulat
- 2 tl hakitud kapparit
- ½ tl kuivatatud tilli
- ¼ tl värskelt jahvatatud musta pipart
- 2 suurt muna
- 1 tass panko riivsaia (või gluteenivaba versioon)

Juhised:

Kuumuta suurel pannil keskmisel-madalal kuumusel 6 supilusikatäit oliiviõli. Lisa 5 supilusikatäit mandlijahu ja küpseta pidevalt segades, kuni moodustub ühtlane pasta ja jahu kergelt pruunistub, 2–3 minutit.

Valige kuumus keskmiselt kõrgeks ja segage järk-järgult hulka koor, pidevalt vahustades, kuni see on täiesti ühtlane ja paksenenud, veel 4–5 minutit. Eemaldage ja lisage tuunikala, punane sibul, kapparid, till ja pipar.

Viige segu 8-tollisse ruudukujulisse ahjuvormi, mis on hästi kaetud oliiviõliga ja asetage toatemperatuurile. Mähi ja jahuta 4 tundi või kuni üleöö. Krokettide moodustamiseks asetage kolm kaussi. Ühes klopi kokku munad. Teises lisa ülejäänud mandlijahu. Kolmandas lisage panko. Vooderda ahjuplaat küpsetuspaberiga.

Tõsta jahusegusse umbes supilusikatäis külma valmistatud tainast ja rulli katteks. Raputage ülejääk maha ja rullige kätega ovaalseks.

Kasta krokett lahtiklopitud muna sisse ja määri seejärel kergelt pankoga. Tõsta vooderdatud ahjuplaadile ja korda ülejäänud taignaga.

Soojendage väikeses kastrulis ülejäänud 1–2 tassi oliiviõli keskmisel-kõrgel kuumusel.

Kui õli on kuumutatud, prae kroketid olenevalt panni suurusest 3 või 4 kaupa, eemaldades need lusikaga, kuni need on kuldpruunid. Põlemise vältimiseks peate aeg-ajalt õli temperatuuri reguleerima. Kui kroketid muutuvad väga kiiresti tumepruuniks, alandage temperatuuri.

Toitumine (100g kohta): 245 kalorit 22 g rasva 1 g süsivesikuid 6 g valku 801 mg naatriumi

Suitsulõhe Crudités

Valmistamisaeg: 10 minutit
Söögitegemise aeg: 15 minutit
Portsjonid: 4
Raskusaste: lihtne

Koostis:

- 6 untsi suitsutatud metsik lõhe
- 2 spl röstitud küüslaugu Aioli
- 1 spl Dijoni sinepit
- 1 spl hakitud talisibul, ainult rohelised osad
- 2 tl hakitud kapparit
- ½ tl kuivatatud tilli
- 4 endiivia oda või rooma südamed
- ½ inglise kurki, lõigatud ¼ tolli paksusteks ringideks

Juhised:

Tükelda suitsulõhe jämedalt ja tõsta väikesesse kaussi. Lisage aioli, Dijon, talisibul, kapparid ja till ning segage hästi. Tõsta endiivia odad ja kurgiringid lusikatäie suitsulõhe seguga ja naudi jahutatult.

Toitumine (100g kohta): 92 kalorit 5 g rasva 1 g süsivesikuid 9 g valku 714 mg naatriumi

Tsitrusviljadega marineeritud oliivid

Valmistamisaeg: 4 tundi

Söögitegemise aeg: 0 minutit

Portsjonid: 2

Raskusaste: lihtne

Koostis:

- 2 tassi segatud kaevudega rohelisi oliive
- ¼ tassi punase veini äädikat
- ¼ tassi ekstra neitsioliiviõli
- 4 küüslauguküünt, peeneks hakitud
- 1 suure apelsini koor ja mahl
- 1 tl punase pipra helbeid
- 2 loorberilehte
- ½ tl jahvatatud köömneid
- ½ tl jahvatatud pipart

Juhised:

Lisage oliivid, äädikas, õli, küüslauk, apelsinikoor ja -mahl, punase pipra helbed, loorberilehed, köömned ja piment ning segage hästi. Sulgege ja jahutage 4 tundi või kuni nädal, et oliivid saaksid marineerida. Enne serveerimist loksutage uuesti.

Toitumine (100g kohta): 133 kalorit 14 g rasva 2 g süsivesikuid 1 g valku 714 mg naatriumi

Oliivide tapenaad anšoovistega

Ettevalmistusaeg: 1 tund ja 10 minutit

Söögitegemise aeg: 0 minutit

Portsjonid: 2

Raskusaste: keskmine

Koostis:

- 2 tassi kivideta Kalamata oliive või muid musti oliive
- 2 anšoovisefileed, tükeldatud
- 2 tl hakitud kapparit
- 1 küüslauguküüs, peeneks hakitud
- 1 keedetud munakollane
- 1 tl Dijoni sinepit
- ¼ tassi ekstra neitsioliiviõli
- Seemned kreekerid, mitmekülgne võileivavorm või köögiviljad serveerimiseks (valikuline)

Juhised:

Loputa oliivid külmas vees ja nõruta hästi. Aseta köögikombaini, blenderisse või suurde purki (kui kasutad sukelmikserit) nõrutatud oliivid, anšoovised, kapparid, küüslauk, munakollane ja Dijon. Töötle, kuni moodustub paks pasta. Jooksmise ajal valage järk-järgult oliiviõli.

Viige väikesesse kaussi, katke kaanega ja jahutage vähemalt 1 tund, et maitsed areneksid. Serveeri seedy kreekeritega, mitmekülgse võileivaringi peal või oma lemmik krõmpsuvate köögiviljadega.

Toitumine (100g kohta): 179 kalorit 19 g rasva 2 g süsivesikuid 2 g valku 82 mg naatriumi

Kreeka deviled munad

Valmistamisaeg: 45 minutit

Söögitegemise aeg: 15 minutit

Portsjonid: 4

Raskusaste: lihtne

Koostis:

- 4 suurt kõvaks keedetud muna
- 2 spl röstitud küüslaugu Aioli
- ½ tassi peeneks purustatud fetajuustu
- 8 kivideta Kalamata oliivi, peeneks hakitud
- 2 spl tükeldatud päikesekuivatatud tomateid
- 1 spl hakitud punast sibulat
- ½ tl kuivatatud tilli
- ¼ tl värskelt jahvatatud musta pipart

Juhised:

Lõika kõvaks keedetud munad pikuti pooleks, eemalda munakollased ja pane munakollased keskmisesse kaussi. Reservi munavalgepoolikud ja tõsta kõrvale. Purusta munakollased kahvliga korralikult puruks. Lisa aioli, feta, oliivid, päikesekuivatatud tomatid, sibul, till ja pipar ning sega ühtlaseks ja kreemjaks.

Tõsta täidis lusikaga igasse munavalgepoolikusse ja jahuta kaane all 30 minutit või kuni 24 tundi.

Toitumine (100g kohta): 147 kalorit 11 g rasva 6 g süsivesikuid 9 g valku 736 mg naatriumi

Manchego kreekerid

Ettevalmistusaeg: 1 tund ja 15 minutit

Söögitegemise aeg: 15 minutit

Portsjonid: 20

Raskusaste: raske

Koostis:

- 4 spl võid, toatemperatuuril
- 1 tass peeneks hakitud Manchego juustu
- 1 tass mandlijahu
- 1 tl soola, jagatud
- ¼ tl värskelt jahvatatud musta pipart
- 1 suur muna

Juhised:

Vahusta või ja riivitud juust elektrimikseriga, kuni see on hästi segunenud ja ühtlane. Sega mandlijahu ½ tl soola ja pipraga. Vala mandlijahu segu järk-järgult juustule, pidevalt segades, kuni tainas lihtsalt kokku tuleb ja moodustab palli.

Asetage pärgamendi või kiletükk ja rullige umbes 1,5 tolli paksuseks silindriliseks palgiks. Sulgege tihedalt ja seejärel külmutage vähemalt 1 tund. Kuumuta ahi temperatuurini 350 °F. Pane küpsetuspaber või silikoonist küpsetusmatid 2 ahjuplaadile.

Muna pesemiseks klopi muna ja ülejäänud ½ tl soola kokku.

Viiluta jahutatud tainas väikesteks, umbes ¼ tolli paksusteks ringideks ja aseta vooderdatud küpsetusplaatidele.

Pese munaga kreekerite pealsed ja küpseta, kuni kreekerid on kuldsed ja krõbedad. Asetage restile jahtuma.

Serveeri soojalt või, kui see on täielikult jahtunud, hoia õhukindlas anumas külmkapis kuni 1 nädal.

Toitumine (100g kohta): 243 kalorit 23 g rasva 1 g süsivesikuid 8 g valku 804 mg naatriumi

Burrata Caprese Stack

Valmistamisaeg: 5 minutit

Söögitegemise aeg: 0 minutit

Portsjonid: 4

Raskusaste: lihtne

Koostis:

- 1 suur mahetomat, eelistatavalt pärand
- ½ tl soola
- ¼ tl värskelt jahvatatud musta pipart
- 1 (4 untsi) pall burrata juustu
- 8 värsket basiilikulehte õhukesteks viiludeks
- 2 spl ekstra neitsioliiviõli
- 1 spl punast veini või palsamiäädikat

Juhised:

Lõika tomat neljaks paksuks viiluks, eemaldades kõik kõva keskosa ning puista peale soola ja pipraga. Aseta tomatid, maitsestatud pool üleval, taldrikule. Viilutage burrata eraldi ääristatud taldrikul neljaks paksuks viiluks ja asetage üks viil iga tomativiilu peale. Valage igale peale üks neljandik basiilikut ja valage ääristatud taldrikule reserveeritud burrata kreem.

Piserda oliiviõli ja äädikaga ning serveeri kahvli ja noaga.

Toitumine (100g kohta): 153 kalorit 13 g rasva 1 g süsivesikuid 7 g valku 633 mg naatriumi

Suvikõrvits-Ricotta Fritters sidruni-küüslaugu Aioliga

Ettevalmistusaeg: 10 minutit pluss 20 minutit puhkeaega

Söögitegemise aeg: 25 minutit

Portsjonid: 4

Raskusaste: raske

Koostis:

- 1 suur või 2 väikest/keskmist suvikõrvitsat
- 1 tl soola, jagatud
- ½ tassi täispiima ricotta juustu
- 2 sibulat
- 1 suur muna
- 2 küüslauguküünt, peeneks hakitud
- 2 supilusikatäit hakitud värsket piparmünti (valikuline)
- 2 tl riivitud sidrunikoort
- ¼ tl värskelt jahvatatud musta pipart
- ½ tassi mandlijahu
- 1 tl küpsetuspulbrit
- 8 spl ekstra neitsioliiviõli
- 8 spl röstitud küüslaugu Aioli või avokaadoõli majoneesi

Juhised:

Asetage tükeldatud suvikõrvits kurni või mitmele kihile paberrätikutele. Puista peale ½ tl soola ja lase 10 minutit seista.

Kasutades teist kihti paberrätikut, suruge suvikõrvits liigse niiskuse eemaldamiseks alla ja kuivatage. Lisa nõrutatud suvikõrvits, ricotta, talisibul, muna, küüslauk, piparmünt (kui kasutad), sidrunikoor, ülejäänud ½ tl soola ja pipart.

Vahusta omavahel mandlijahu ja küpsetuspulber. Sega jahusegu suvikõrvitsasegu hulka ja lase 10 minutit seista. Prae fritüürid suurel pannil neljas osas. Kuumutage iga nelja partii kohta 2 supilusikatäit oliiviõli keskmisel-kõrgel kuumusel. Lisage 1 kuhjaga supilusikatäis suvikõrvitsataignat ühe fritüüri kohta, surudes lusika seljaga alla, et moodustada 2–3-tollised fritüürid. Katke ja laske 2 minutit enne ümberpööramist praadida. Prae veel 2–3 minutit kaanega või kuni see on krõbe ja kuldne ning läbi küpsenud. Põlemise vältimiseks peate võib-olla vähendama kuumust keskmisele tasemele. Eemalda pannilt ja hoia soojas.

Korrake ülejäänud kolme partii puhul, kasutades iga partii jaoks 2 supilusikatäit oliiviõli. Serveeri fritüürid soojalt aioliga.

Toitumine (100g kohta): 448 kalorit 42 g rasva 2 g süsivesikuid 8 g valku 744 mg naatriumi

Lõhetäidisega kurgid

Valmistamisaeg: 10 minutit

Söögitegemise aeg: 0 minutit

Portsjonid: 4

Raskusaste: lihtne

Koostis:

- 2 suurt kurki, kooritud
- 1 (4 untsi) purk punast lõhet
- 1 keskmine väga küps avokaado
- 1 spl ekstra neitsioliiviõli
- 1 laimi koor ja mahl
- 3 supilusikatäit hakitud värsket koriandrit
- ½ tl soola
- ¼ tl värskelt jahvatatud musta pipart

Juhised:

Viilutage kurk 1 tolli paksusteks viiludeks ja kraapige lusikaga iga segmendi keskelt seemned välja ja tõstke taldrikule püsti.

Keskmises kausis segage lõhe, avokaado, oliiviõli, laimikoor ja -mahl, koriander, sool ja pipar ning segage kuni kreemjaks.

Tõsta lõhesegu iga kurgilõigu keskele ja serveeri jahutatult.

Toitumine (100g kohta): 159 kalorit 11 g rasva 3 g süsivesikuid 9 g valku 739 mg naatriumi

Kitsejuustu-makrellipasteet

Valmistamisaeg: 10 minutit

Söögitegemise aeg: 0 minutit

Portsjonid: 4

Raskusaste: lihtne

Koostis:

- 4 untsi oliiviõliga pakitud looduslikult püütud makrell
- 2 untsi kitsejuustu
- 1 sidruni koor ja mahl
- 2 spl hakitud värsket peterselli
- 2 spl hakitud värsket rukolat
- 1 spl ekstra neitsioliiviõli
- 2 tl hakitud kapparit
- 1 kuni 2 tl värsket mädarõigast (valikuline)
- Kreekerid, ümmargused kurgid, endiivia ogad või seller serveerimiseks (valikuline)

Juhised:

Sega köögikombainis, blenderis või sukelmikseriga suures kausis kokku makrell, kitsejuust, sidrunikoor ja -mahl, petersell, rukola, oliiviõli, kapparid ja mädarõigas (kui kasutad). Töötle või blenderda ühtlaseks ja kreemjaks.

Serveeri kreekerite, ümmarguste kurkide, endiivia odade või selleriga. Sulgege kaanega külmkapis kuni 1 nädal.

Toitumine (100g kohta): 118 kalorit 8 g rasva 6 g süsivesikuid 9 g valku 639 mg naatriumi

Vahemere rasvapommide maitse

Ettevalmistusaeg: 4 tundi ja 15 minutit

Söögitegemise aeg: 0 minutit

Portsjonid: 6

Raskusaste: keskmine

Koostis:

- 1 tass murendatud kitsejuustu
- 4 spl purgis pestot
- 12 kivideta Kalamata oliivi, peeneks hakitud
- ½ tassi peeneks hakitud kreeka pähkleid
- 1 spl hakitud värsket rosmariini

Juhised:

Vahusta keskmises kausis kitsejuust, pesto ja oliivid ning sega kahvliga korralikult läbi. Külmutada 4 tundi, et taheneda.

Valmistage segu oma kätega kuueks umbes ¾-tollise läbimõõduga palliks. Segu jääb kleepuv.

Aseta väikesesse kaussi kreeka pähklid ja rosmariin ning veereta kitsejuustu pallid pähklisegus katteks. Säilita rasvapomme külmkapis kuni 1 nädal või sügavkülmas kuni 1 kuu.

Toitumine (100g kohta): 166 kalorit 15 g rasva 1 g süsivesikuid 5 g valku 736 mg naatriumi

Avokaado Gazpacho

Valmistamisaeg: 15 minutit

Söögitegemise aeg: 10 minutit

Portsjonid: 4

Raskusaste: lihtne

Koostis:

- 2 tassi hakitud tomateid
- 2 suurt küpset avokaadot poolitatuna ja kivideta
- 1 suur kurk, kooritud ja seemnetest puhastatud
- 1 keskmine paprika (punane, oranž või kollane), tükeldatud
- 1 tass tavalist täispiima kreeka jogurtit
- ¼ tassi ekstra neitsioliiviõli
- ¼ tassi hakitud värsket koriandrit
- ¼ tassi hakitud talisibulat, ainult roheline osa
- 2 spl punase veini äädikat
- 2 laimi või 1 sidruni mahl
- ½ kuni 1 tl soola
- ¼ tl värskelt jahvatatud musta pipart

Juhised:

Segage sukelsegisti abil tomatid, avokaadod, kurk, paprika, jogurt, oliiviõli, koriander, sibulad, äädikas ja laimimahl. Blenderda ühtlaseks.

Maitsesta ja blenderda, et maitsed seguneksid. Serveeri külmalt.

Toitumine (100g kohta): 392 kalorit 32 g rasva 9 g süsivesikuid 6 g valku 694 mg naatriumi

Krabikoogi salatitopsid

Valmistamisaeg: 35 minutit

Söögitegemise aeg: 20 minutit

Portsjonid: 4

Raskusaste: keskmine

Koostis:

- 1-naeline jumbo tükikrabi
- 1 suur muna
- 6 supilusikatäit röstitud küüslaugu Aioli
- 2 supilusikatäit Dijoni sinepit
- ½ tassi mandlijahu
- ¼ tassi hakitud punast sibulat
- 2 tl suitsupaprikat
- 1 tl selleri soola
- 1 tl küüslaugupulbrit
- 1 tl kuivatatud tilli (valikuline)
- ½ tl värskelt jahvatatud musta pipart
- ¼ tassi ekstra neitsioliiviõli
- 4 suurt Bibb salati lehte, paks selg eemaldatud

Juhised:

Asetage krabiliha suurde kaussi ja valige nähtavad kestad, seejärel purustage liha kahvliga. Vahusta väikeses kausis muna, 2 supilusikatäit aioli ja Dijoni sinep. Lisa krabilihale ja blenderda kahvliga. Lisa mandlijahu, punane sibul, paprika, sellerisool, küüslaugupulber, till (kui kasutad) ja pipar ning sega korralikult läbi. Laske 10 kuni 15 minutit toatemperatuuril puhata.

Vormi 8 väikest kooki, mille läbimõõt on umbes 2 tolli. Küpseta oliiviõli keskmisel-kõrgel kuumusel. Prae kooke pruuniks, 2–3 minutit mõlemalt poolt. Mähi, alanda kuumust ja küpseta veel 6–8 minutit või kuni see on keskosas. Eemaldage pannilt.

Serveerimiseks mähkige igasse salatilehte 2 väikest krabikooki ja pange peale 1 spl aioli.

Toitumine (100g kohta): 344 kalorit 24 g rasva 2 g süsivesikuid 24 g valku 804 mg naatriumi

Apelsini-estragoni kana salati ümbris

Valmistamisaeg: 15 minutit
Söögitegemise aeg: 0 minutit
Portsjonid: 4
Raskusaste: lihtne

Koostis:

- ½ tassi tavalist täispiima kreeka jogurtit
- 2 supilusikatäit Dijoni sinepit
- 2 spl ekstra neitsioliiviõli
- 2 spl värsket estragoni
- ½ tl soola
- ¼ tl värskelt jahvatatud musta pipart
- 2 tassi keedetud hakitud kana
- ½ tassi tükeldatud mandleid
- 4 kuni 8 suurt Bibb salati lehte, karm vars eemaldatud
- 2 väikest küpset avokaadot, kooritud ja õhukesteks viiludeks
- 1 klementiini või ½ väikese apelsini koor (umbes 1 supilusikatäis)

Juhised:

Sega keskmises kausis jogurt, sinep, oliiviõli, estragon, apelsinikoor, sool ja pipar ning vahusta kreemjaks. Lisa hakitud kanaliha ja mandlid ning sega katteks.

Mähiste kokkupanemiseks asetage iga salatilehe keskele umbes ½ tassi kanasalati segu ja lisage viilutatud avokaadod.

Toitumine (100g kohta): 440 kalorit 32 g l rasva 8 g süsivesikuid 26 g valku 607 mg naatriumi

Feta ja kinoa täidisega seened

Valmistamisaeg: 5 minutit

Söögitegemise aeg: 8 minutit

Portsjonid: 6

Raskusaste: keskmine

Koostis:

- 2 supilusikatäit peeneks hakitud punast paprikat
- 1 küüslauguküüs, hakitud
- ¼ tassi keedetud kinoat
- 1/8 tl soola
- ¼ tl kuivatatud oreganot
- 24 nööbiseent, varrega
- 2 untsi purustatud fetat
- 3 spl täistera nisu leivapuru
- Oliiviõli küpsetussprei

Juhised:

Eelsoojendage õhufritüür temperatuurini 360 ° F. Sega väikeses kausis paprika, küüslauk, kinoa, sool ja pune. Tõsta lusikaga kinoatäidis seenekübaratesse, kuni see on just täidis. Lisa iga seene peale väike tükk fetat. Puista igale seenele näpuotsaga leivapuru feta peale.

Pange fritüüri korv oliiviõli küpsetusspreiga, seejärel asetage seened õrnalt korvi, veendudes, et need ei puutuks üksteisega kokku.

Asetage korv fritüüri ja küpsetage 8 minutit. Eemaldage fritüürist ja serveerige.

Toitumine (100g kohta): 97 kalorit 4 g rasva 11 g süsivesikuid 7 g valku 677 mg naatriumi

Viie koostisosaga Falafel küüslaugu-jogurtikastmega

Valmistamisaeg: 5 minutit

Söögitegemise aeg: 15 minutit

Portsjonid: 4

Raskusaste: raske

Koostis:

- <u>Falafeli jaoks</u>
- 1 (15 untsi) purk kikerherneid, nõruta ja loputa
- ½ tassi värsket peterselli
- 2 küüslauguküünt, hakitud
- ½ supilusikatäit jahvatatud köömneid
- 1 spl täistera nisujahu
- soola
- <u>Küüslaugu-jogurtikastme jaoks</u>
- 1 tass rasvavaba tavalist kreeka jogurtit
- 1 küüslauguküüs, hakitud
- 1 spl hakitud värsket tilli
- 2 spl sidrunimahla

Juhised:

Falafeli valmistamiseks

Eelsoojendage õhufritüür temperatuurini 360 ° F. Pane kikerherned köögikombaini. Pulsitage, kuni see on enamjaolt hakitud, seejärel lisage petersell, küüslauk ja köömned ning vahustage veel minuteid, kuni koostisosad muutuvad taignaks.

Lisa jahu. Pulseerige veel paar korda, kuni see on ühendatud. Tainas on tekstuuriga, kuid kikerherned tuleks pulseerida väikesteks tükkideks. Rullige taignast puhaste kätega 8 võrdse suurusega palli, seejärel patsutage pallid veidi allapoole, et need oleksid umbes ½ paksused kettad.

Pange fritüüri korv oliiviõli küpsetusspreiga, seejärel asetage falafeli pätsikesed korvi ühe kihina, veendudes, et need ei puutuks kokku. Prae õhufritüüris 15 minutit.

Küüslaugu-jogurtikastme valmistamiseks

Segage jogurt, küüslauk, till ja sidrunimahl. Kui falafel on küpsenud ja igast küljest kenasti pruunistunud, eemalda need fritüürist ja maitsesta soolaga. Serveeri kuumalt dipikastet.

Toitumine (100g kohta): 151 kalorit 2 g rasva 10 g süsivesikuid 12 g valku 698 mg naatriumi

Sidrunikrevetid küüslaugu oliiviõliga

Valmistamisaeg: 5 minutit

Söögitegemise aeg: 6 minutit

Portsjonid: 4

Raskusaste: keskmine

Koostis:

- 1-naelised keskmised krevetid, puhastatud ja välja töötatud
- ¼ tassi pluss 2 supilusikatäit oliiviõli, jagatud
- ½ sidruni mahl
- 3 küüslauguküünt, hakitud ja jagatud
- ½ tl soola
- ¼ tl punase pipra helbeid
- Sidruniviilud, serveerimiseks (valikuline)
- Marinara kaste, kastmiseks (valikuline)

Juhised:

Kuumuta õhufritüür temperatuurini 380 °F. Viska krevetid 2 spl oliiviõli, sidrunimahla, 1/3 hakitud küüslaugu, soola ja punase pipra helvestega ning kata korralikult.

Segage väikeses ramekinis ülejäänud ¼ tassi oliiviõli ja ülejäänud hakitud küüslauk. Rebige ära 12x12-tolline alumiiniumfooliumi leht. Asetage krevetid fooliumi keskele, keerake küljed üles ja suruge servad kokku nii, et moodustuks pealt lahtine alumiiniumfooliumist kauss. Asetage see pakk õhufritüüri korvi.

Rösti krevette 4 minutit, seejärel ava õhufritüür ning aseta krevetipaki kõrvale korvi koos õli ja küüslauguga ramekiin. Küpseta veel 2 minutit. Tõsta krevetid kastmiseks serveerimistaldrikule või vaagnale koos küüslauguoliiviõliga. Soovi korral võid serveerida ka sidruniviilude ja marinara kastmega.

Toitumine (100g kohta): 264 kalorit 21 g rasva 10 g süsivesikuid 16 g valku 473 mg naatriumi

Krõbedad roheliste ubade friikartulid sidruni-jogurtikastmega

Valmistamisaeg: 5 minutit

Söögitegemise aeg: 5 minutit

Portsjonid: 4

Raskusaste: keskmine

Koostis:

- <u>Roheliste ubade jaoks</u>
- 1 muna
- 2 spl vett
- 1 spl täistera nisujahu
- ¼ teelusikatäit paprikat
- ½ tl küüslaugupulbrit
- ½ tl soola
- ¼ tassi täistera nisu leivapuru
- ½ naela terveid rohelisi ube
- <u>Sidruni-jogurtikastme jaoks</u>
- ½ tassi rasvatut tavalist kreeka jogurtit
- 1 spl sidrunimahla
- ¼ teelusikatäit soola
- 1/8 tl Cayenne'i pipart

Suund:

Roheliste ubade valmistamiseks

Kuumuta õhufritüür temperatuurini 380 °F.

Sega keskmises madalas kausis muna ja vesi vahuseks. Eraldi keskmises madalas kausis vahustage omavahel jahu, paprika, küüslaugupulber ja sool ning seejärel segage riivsai.

Määri fritüüri põhi küpsetuspritsiga laiali. Kasta iga roheline uba munasegusse, seejärel riivsaia segusse, kattes pealt puruga. Asetage rohelised oad õhufritüüri korvi põhja ühe kihina.

Prae fritüüris 5 minutit või kuni paneering on kuldpruun.

Sidruni-jogurtikastme valmistamiseks

Lisage jogurt, sidrunimahl, sool ja Cayenne. Serveeri roheliste ubade friikartuleid koos sidruni-jogurtikastmega suupiste või eelroana.

Toitumine (100g kohta): 88 kalorit 2 g rasva 10 g süsivesikuid 7 g valku 697 mg naatriumi

Omatehtud meresoola pitakrõpsud

Valmistamisaeg: 2 minutit

Söögitegemise aeg: 8 minutit

Portsjonid: 2

Raskusaste: lihtne

Koostis:

- 2 täistera pitast
- 1 spl oliiviõli
- ½ tl koššersoola

Juhised

Eelsoojendage õhufritüür temperatuurini 360 ° F. Lõika iga pita 8 viilu. Sega keskmises kausis pitaviilud, oliiviõli ja sool, kuni viilud on kaetud ning oliiviõli ja sool on ühtlaselt jaotunud.

Asetage pitaviilud õhufritüüri korvi ühtlase kihina ja praege 6–8 minutit.

Maitsesta soovi korral täiendava soolaga. Serveeri üksi või lemmikdipikastmega.

Toitumine (100g kohta): 230 kalorit 8 g rasva 11 g süsivesikuid 6 g valku 810 mg naatriumi

Küpsetatud Spanakopita Dip

Valmistamisaeg: 10 minutit

Söögitegemise aeg: 15 minutit

Portsjonid: 2

Raskusaste: keskmine

Koostis:

- Oliiviõli küpsetussprei
- 3 spl oliiviõli, jagatud
- 2 spl hakitud valget sibulat
- 2 küüslauguküünt, hakitud
- 4 tassi värsket spinatit
- 4 untsi toorjuustu, pehmendatud
- 4 untsi fetajuustu, jagatud
- 1 sidruni koor
- ¼ tl jahvatatud muskaatpähklit
- 1 tl kuivatatud tilli
- ½ tl soola
- Serveerimiseks pitakrõpsud, porgandipulgad või viilutatud leib (valikuline)

Juhised:

Eelsoojendage õhufritüür temperatuurini 360 ° F. Katke 6-tolline ramekiini või küpsetusnõu sisemus oliiviõli küpsetusspreiga.

Kuumuta suurel pannil keskmisel kuumusel 1 spl oliiviõli. Lisa sibul, seejärel küpseta 1 minut. Lisa küüslauk ja kuumuta segades veel 1 minut.

Alanda kuumust ja sega spinat ja vesi. Küpseta, kuni spinat on närbunud. Eemaldage pann tulelt. Vahusta keskmises kausis toorjuust, 2 untsi fetat ja ülejäänud oliiviõli, sidrunikoor, muskaatpähkel, till ja sool. Sega, kuni see on lihtsalt segunenud.

Lisa köögiviljad juustupõhjale ja sega ühtlaseks. Valage dipikastme segu ettevalmistatud ramekiini sisse ja lisage ülejäänud 2 untsi fetajuustu.

Asetage kaste õhufritüüri korvi ja küpseta 10 minutit või kuni see on läbi kuumenenud ja mullitav. Serveeri pitakrõpsude, porgandipulkade või viilutatud leivaga.

Toitumine (100g kohta): 550 kalorit 52 g rasva 21 g süsivesikuid 14 g valku 723 mg naatriumi

Röstitud pärlsibulakaste

Valmistamisaeg: 5 minutit

Söögitegemise aeg: 12 minutit pluss 1 tund jahutamiseks

Portsjonid: 4

Raskusaste: keskmine

Koostis:

- 2 tassi kooritud pärlsibulat
- 3 küüslauguküünt
- 3 spl oliiviõli, jagatud
- ½ tl soola
- 1 tass rasvavaba tavalist kreeka jogurtit
- 1 spl sidrunimahla
- ¼ tl musta pipart
- 1/8 tl punase pipra helbeid
- Serveerimiseks pitakrõpsud, köögiviljad või röstitud leib (valikuline)

Juhised:

Eelsoojendage õhufritüür temperatuurini 360 ° F. Segage suures kausis pärlsibul ja küüslauk 2 supilusikatäie oliiviõliga, kuni sibulad on hästi kaetud.

Valage küüslaugu-sibula segu õhkfritüüri korvi ja röstige 12 minutit. Aseta küüslauk ja sibul köögikombaini. Pöörake köögivilju mitu korda, kuni sibul on hakitud, kuid siiski on tükke jäänud.

Viska sisse küüslauk ja sibul ning ülejäänud 1 supilusikatäis oliivõli koos soola, jogurti, sidrunimahla, musta pipra ja punase pipra helvestega. Enne pitakrõpsude, köögiviljade või röstitud leivaga serveerimist jahutage 1 tund.

Toitumine (100g kohta):150 kalorit 10 g rasva 6 g süsivesikuid 7 g valku 693 mg naatriumi

Punase pipra tapenaad

Valmistamisaeg: 5 minutit

Söögitegemise aeg: 5 minutit

Portsjonid: 4

Raskusaste: keskmine

Koostis:

- 1 suur punane paprika
- 2 supilusikatäit pluss 1 tl oliiviõli
- ½ tassi Kalamata oliive, kivideta ja jämedalt tükeldatud
- 1 küüslauguküüs, hakitud
- ½ tl kuivatatud oreganot
- 1 spl sidrunimahla

Juhised:

Kuumuta õhufritüür temperatuurini 380 °F. Pintselda terve punase paprika väliskülge 1 tl oliiviõliga ja aseta see õhufritüüri korvi. Rösti 5 minutit. Vahepeal lisage keskmises kausis ülejäänud 2 supilusikatäit oliiviõli koos oliivide, küüslaugu, pune ja sidrunimahlaga.

Eemaldage fritüürist punane pipar, seejärel viilutage õrnalt vars ja eemaldage seemned. Haki röstitud pipar jämedalt väikesteks tükkideks.

Lisage oliivi segule punane pipar ja segage kõik koos, kuni see on segunenud. Serveeri pitakrõpsude, kreekerite või koorikleivaga.

Toitumine (100g kohta): 104 kalorit 10 g rasva 9 g süsivesikuid 1 g valku 644 mg naatriumi

Kreeka kartulikoored oliivide ja fetaga

Valmistamisaeg: 5 minutit

Söögitegemise aeg: 45 minutit

Portsjonid: 4

Raskusaste: raske

Koostis:

- 2 rusket kartulit
- 3 supilusikatäit oliiviõli
- 1 tl koššersoola, jagatud
- ¼ tl musta pipart
- 2 supilusikatäit värsket koriandrit
- ¼ tassi Kalamata oliive, tükeldatud
- ¼ tassi murendatud fetat
- Hakitud värske petersell, kaunistuseks (valikuline)

Juhised:

Kuumuta õhufritüür temperatuurini 380 °F. Torka kahvliga kartulitesse 2–3 auku, seejärel määri kumbki umbes ½ supilusikatäie oliiviõli ja ½ tl soolaga.

Asetage kartulid õhufritüüri korvi ja küpsetage 30 minutit. Eemaldage kartulid fritüürist ja lõigake pooleks. Kraapige lusikaga kartuli viljaliha välja, jättes koorte sisse ½-tollise kartulikihi ja asetage koored kõrvale.

Sega keskmises kausis kühveldatud kartuli keskosa ülejäänud 2 supilusikatäie oliiviõli, ½ tl soola, musta pipra ja koriandriga. Segage, kuni see on hästi segunenud. Jaga kartulitäidis praegu tühjaks jäänud kartulikoortele, jaota see ühtlaselt nende peale. Tõsta igale kartulile supilusikatäis oliive ja fetat.

Asetage täidetud kartulikoored tagasi õhkfritüüri ja küpsetage 15 minutit. Serveeri soovi korral veel hakitud koriandri või peterselli ja tilga oliiviõliga.

Toitumine (100g kohta): 270 kalorit 13 g rasva 34 g süsivesikuid 5 g valku 672 mg naatriumi

Artišoki ja oliivipita lehtleib

Valmistamisaeg: 5 minutit

Söögitegemise aeg: 10 minutit

Portsjonid: 4

Raskusaste: lihtne

Koostis:

- 2 täistera pitast
- 2 spl oliiviõli, jagatud
- 2 küüslauguküünt, hakitud
- ¼ teelusikatäit soola
- ½ tassi konserveeritud artišokisüdameid, viilutatud
- ¼ tassi Kalamata oliive
- ¼ tassi hakitud parmesani
- ¼ tassi murendatud fetat
- Hakitud värske petersell, kaunistuseks (valikuline)

Juhised:

Kuumuta õhufritüür temperatuurini 380 °F. Pintselda iga pita 1 spl oliiviõliga, seejärel puista peale hakitud küüslauk ja sool.

Jaotage artišokisüdamed, oliivid ja juustud ühtlaselt kahe pita vahel ning asetage mõlemad õhufritüüri 10 minutiks küpsema. Enne serveerimist eemaldage pitad ja lõigake need 4 tükiks. Soovi korral puista peale peterselli.

Toitumine (100g kohta): 243 kalorit 15 g rasva 10 g süsivesikuid 7 g valku 644 mg naatriumi

Minikrabi koogid

Valmistamisaeg: 10 minutit

Söögitegemise aeg: 10 minutit

Portsjonid: 6

Raskusaste: keskmine

Koostis:

- 8 untsi tükk krabiliha
- 2 spl kuubikuteks lõigatud punast paprikat
- 1 sibul, valged osad ja rohelised osad, tükeldatud
- 1 küüslauguküüs, hakitud
- 1 spl kapparid, hakitud
- 1 supilusikatäis rasvatut tavalist kreeka jogurtit
- 1 muna, lahtiklopitud
- ¼ tassi täistera nisu leivapuru
- ¼ teelusikatäit soola
- 1 spl oliiviõli
- 1 sidrun, viiludeks lõigatud

Juhised:

Eelsoojendage õhufritüür temperatuurini 360 ° F. Keskmises kausis segage krabi, paprika, sibul, küüslauk ja kapparid, kuni need on ühendatud. Lisa jogurt ja muna. Segage kuni segunemiseni. Sega hulka riivsai ja sool.

Jagage see segu 6 võrdseks osaks ja loksutage pätsikesteks.

Asetage krabikoogid õhufritüüri korvi ühele kihile eraldi. Määri iga pätsi pealsed osa oliiviõliga. Küpseta 10 minutit.

Eemaldage krabikoogid õhufritüürist ja serveerige sidruniviiludega küljel.

Toitumine (100g kohta): 87 kalorit 4 g rasva 6 g süsivesikuid 9 g valku 574 mg naatriumi

Suvikõrvitsa Feta rullikud

Valmistamisaeg: 10 minutit

Söögitegemise aeg: 10 minutit

Portsjonid: 6

Raskusaste: keskmine

Koostis:

- ½ tassi fetat
- 1 küüslauguküüs, hakitud
- 2 spl värsket basiilikut, hakitud
- 1 spl kapparid, hakitud
- 1/8 tl soola
- 1/8 tl punase pipra helbeid
- 1 spl sidrunimahla
- 2 keskmist suvikõrvitsat
- 12 hambaorki

Juhised:

Eelsoojendage õhufritüür temperatuurini 360 ° F. (Grilli lisaseadme kasutamisel veenduge, et see oleks eelsoojenduse ajal õhkfritüüris.) Segage väikeses kausis feta, küüslauk, basiilik, kapparid, sool, punase pipra helbed ja sidrunimahl.

Lõika suvikõrvits pikuti 1/8-tollisteks ribadeks. (Igast suvikõrvitsast peaks saama umbes 6 riba.) Määri igale suvikõrvitsaviilule 1 supilusikatäis juustutäidist, keera see kokku ja lukusta keskelt hambatikuga.

Asetage suvikõrvitsarullid õhufritüüri korvi ühe kihina, ükshaaval. Küpseta või grilli fritüüris 10 minutit. Eemaldage suvikõrvitsarullid õhkfritüürist ja eemaldage enne serveerimist õrnalt hambaorkid.

Toitumine (100g kohta): 46 kalorit 3 g rasva 6 g süsivesikuid 3 g valku 710 mg naatriumi

Quinoa pizza muffinid

Valmistamisaeg: 15 minutit

Söögitegemise aeg: 30 minutit

Portsjonid: 4

Raskusaste: lihtne

Koostis:

- 1 tass keetmata kinoa
- 2 suurt muna
- ½ keskmist sibulat, tükeldatud
- 1 tass kuubikuteks lõigatud paprikat
- 1 tass riivitud mozzarella juustu
- 1 spl kuivatatud basiilikut
- 1 spl kuivatatud pune
- 2 tl küüslaugupulbrit
- 1/8 tl soola
- 1 tl purustatud punast paprikat
- ½ tassi röstitud punast pipart, hakitud*
- Pitsakaste, umbes 1-2 tassi

Juhised:

Kuumuta ahi 350oF-ni. Keeda kinoa vastavalt juhistele. Kombineeri kõik koostisosad (v.a kaste) kaussi. Sega kõik koostisained hästi läbi.

Kalla kinoa pitsa segu ühtlaselt muffinivormi. Teeb 12 muffinit. Küpseta 30 minutit, kuni muffinid muutuvad kuldseks ja ääred muutuvad krõbedaks.

Vala peale 1 või 2 spl pitsakastet ja naudi!

Toitumine (100g kohta): 303 kalorit 6,1 g rasva 41,3 g süsivesikuid 21 g valku 694 mg naatriumi

Rosmariini-kreeka pähkli leib

Valmistamisaeg: 5 minutit

Söögitegemise aeg: 45 minutit

Portsjonid: 8

Raskusaste: raske

Koostis:

- ½ tassi hakitud kreeka pähkleid
- 4 spl värsket, hakitud rosmariini
- 1 1/3 tassi leiget gaseeritud vett
- 1 spl mett
- ½ tassi ekstra neitsioliiviõli
- 1 tl õunasiidri äädikat
- 3 muna
- 5 tl kiirkuivpärmi graanuleid
- 1 tl soola
- 1 spl ksantaankummi
- ¼ tassi petipiimapulbrit
- 1 tass valget riisijahu
- 1 tass tapiokitärklist
- 1 tass noolejuurtärklist
- 1 ¼ tassi universaalset Bob's Red Milli gluteenivaba jahusegu

Juhised:

Vahusta suures segamiskausis korralikult munad. Lisage 1 tass sooja vett, mett, oliiviõli ja äädikat.

Pidevalt vahustades lisage ülejäänud koostisosad, välja arvatud rosmariin ja kreeka pähklid.

Jätka peksmist. Kui tainas on liiga tihe, segage veidi sooja vett. Tainas peaks olema tormiline ja paks.

Seejärel lisa rosmariin ja kreeka pähklid jätka sõtkumist, kuni need on ühtlaselt jaotunud.

Kata taignakauss puhta rätikuga, aseta sooja kohta ja lase 30 minutit kerkida.

Viisteist minutit pärast kerkimisaega eelsoojendage ahi temperatuurini 400 oF.

Määrige 2-liitrine Hollandi ahi ohtralt oliiviõliga ja soojendage ahju sees ilma kaaneta.

Kui tainas on kerkinud, eemaldage pott ahjust ja asetage tainas sisse. Laota taigna pealt märja spaatliga ühtlaselt potti.

Pintselda leivapealseid 2 spl oliiviõliga, kata Hollandi ahi ja küpseta 35–45 minutit. Kui leib on valmis, eemaldage see ahjust. Ja eemaldage leib ettevaatlikult potist. Laske leival enne viilutamist vähemalt kümme minutit jahtuda. Serveeri ja naudi.

Toitumine (100g kohta): 424 kalorit 19 g rasva 56,8 g süsivesikuid 7 g valku 844 mg naatriumi

Maitsev Crabby Panini

Valmistamisaeg: 5 minutit

Söögitegemise aeg: 10 minutit

Portsjonid: 4

Raskusaste: lihtne

Koostis:

- 1 spl Oliiviõli
- Prantsuse leib poolitatud ja diagonaalselt viilutatud
- 1 nael krevettkrabi
- ½ tassi sellerit
- ¼ tassi hakitud rohelist sibulat
- 1 tl Worcestershire'i kastet
- 1 tl sidrunimahla
- 1 spl Dijoni sinepit
- ½ tassi kerget majoneesi

Juhised:

Keskmises kausis segage hoolikalt: seller, sibul, Worcestershire, sidrunimahl, sinep ja majonees. Maitsesta pipra ja soolaga. Seejärel lisage õrnalt mandlid ja krabid.

Määri saia viilutatud külgedele oliiviõli ja määri enne teise saiaviiluga katmist krabiseguga.

Grilli võileiba Panini pressis, kuni leib on krõbe ja koorunud.

Toitumine (100g kohta): 248 kalorit 10,9 g rasva 12 g süsivesikuid 24,5 g valku 845 mg naatriumi

Täuslik pitsa ja kondiitritooted

Valmistamisaeg: 35 minutit

Söögitegemise aeg: 15 minutit

Portsjonid: 10

Raskusaste: raske

Koostis:

- <u>Pitsataigna jaoks:</u>
- 2-tl mett
- 1/4-oz. aktiivne kuivpärm
- 11/4 tassi sooja vett (umbes 120 °F)
- 2-sl oliiviõli
- 1-tl meresoola
- 3-tassi täisterajahu + 1/4-tassi, vastavalt vajadusele rullimiseks
- <u>Pitsakatte jaoks:</u>
- 1-tass pestokastet
- 1 tass artišokisüdameid
- 1 tass närbunud spinatilehti
- 1 tass päikesekuivatatud tomatit
- 1/2 tassi Kalamata oliive
- 4-oz. feta juust
- 4-oz. segajuust võrdsetes osades madala rasvasisaldusega mozzarella, asiago ja provolooni oliiviõli
- <u>Valikulised lisandmoodulid:</u>

- paprika
- Kana rinnatükk, ribad Värske basiilik
- Seedermänni pähklid

Juhised:

Pitsataigna jaoks:

Kuumuta oma ahi temperatuurini 350 °F.

Segage mesi ja pärm taignakinnitusega köögikombainis sooja veega. Segage segu kuni täieliku segunemiseni. Lase segul 5 minutit seista, et tagada pärmi aktiivsus pinnale ilmuvate mullide kaudu.

Vala sisse oliiviõli. Lisa sool ja sega pool minutit. Lisa järk-järgult 3 tassi jahu, umbes pool tassi korraga, segades iga lisamise vahel paar minutit.

Laske töötlejal sõtkuda segu 10 minutit, kuni see on ühtlane ja elastne, puista sellele vajadusel jahu, et vältida taigna kleepumist töötleja kausi pindadele.

Võtke tainas kausist. Laske 15 minutit seista, kaetuna niiske ja sooja rätikuga.

Rulli tainas poole tolli paksuseks, vajadusel jahuga üle puistades. Torka tainasse valimatult kahvliga augud, et vältida kooriku mullitamist.

Aseta perforeeritud, rullitud tainas pitsakivile või ahjuplaadile. Küpseta 5 minutit.

Pitsakatte jaoks:

Pintselda küpsenud pitsakoort kergelt oliiviõliga.

Valage peale pestokaste ja määrige hoolikalt pitsakoore pinnale, jättes selle serva ümber poole tollise ruumi koorikuks.

Kata pitsa artišokisüdamete, närbunud spinatilehtede, päikesekuivatatud tomatite ja oliividega. (Soovi korral lisage rohkem lisandeid.) Kata pealmine osa juustuga.

Aseta pitsa otse ahjurestile. Küpseta 10 minutit, kuni juust mullitab ja keskelt lõpuni sulab. Enne viilutamist laske pitsal 5 minutit jahtuda.

Toitumine (100g kohta): 242,8 kalorit 15,1 g rasvad 15,7 g süsivesikuid 14,1 g valku 942 mg naatriumi

Margherita Vahemere mudel

Valmistamisaeg: 15 minutit

Söögitegemise aeg: 15 minutit

Portsjonid: 10

Raskusaste: raske

Koostis:

- 1 partii pitsakarp
- 2-sl oliiviõli
- 1/2 tassi purustatud tomateid
- 3-rooma tomatid, viilutatud 1/4 tolli paksusteks
- 1/2 tassi värskeid basiilikulehti, õhukeselt viilutatud
- 6-oz. blokeerige mozzarella, lõigake 1/4-tollisteks viiludeks, kuivatage paberrätikuga
- 1/2 tl meresoola

Juhised:

Kuumuta oma ahi temperatuurini 450 ° F.

Pintselda pitsakoort kergelt oliiviõliga. Laota purustatud tomatid põhjalikult pitsakoorele, jättes selle serva ümber poole tollise ruumi koorikuks.

Pange pitsa peale Roma tomativiilud, basiilikulehed ja mozzarella viilud. Puista pitsa peale soola.

Tõsta pitsa otse ahjurestile. Küpseta, kuni juust sulab keskelt kuni koorikuni. Enne viilutamist tõsta kõrvale.

Toitumine (100g kohta): 251 kalorit 8 g rasvu 34 g süsivesikuid 9 g valku 844 mg naatriumi

Kaasaskantavad pakitud piknikutükid

Valmistamisaeg: 5 minutit

Söögitegemise aeg: 0 minutit

Portsjonid: 1

Raskusaste: lihtne

Koostis:

- 1-viil täisteraleiba, lõigatud suupärasteks tükkideks
- 10 tk kirsstomatid
- 1/4-oz. laagerdunud juust, viilutatud
- 6 tk õlis kuivatatud oliive

Juhised:

Pakkige kõik koostisosad kaasaskantavasse anumasse, et serveerida teid liikvel olles näksides.

Toitumine (100g kohta): 197 kalorit 9 g rasvu 22 g süsivesikuid 7 g valku 499 mg naatriumi

Frittata täidisega suvikõrvitsa- ja tomatilisandiga

Valmistamisaeg: 10 minutit

Söögitegemise aeg: 15 minutit

Portsjonid: 4

Raskusaste: lihtne

Koostis:

- 8-tk munad
- 1/4 tl punast pipart, purustatud
- 1/4-tl soola
- 1-sl oliiviõli
- 1 tk väikest suvikõrvitsat pikuti õhukesteks viiludeks
- 1/2 tassi punaseid või kollaseid kirsstomateid, poolitatud
- 1/3 tassi kreeka pähkleid, jämedalt hakitud
- 2-oz. hammustavad värsked mozzarella pallid (bocconcini)

Juhised:

Eelsoojendage oma broiler. Vahepeal klopi keskmise suurusega kausis kokku munad, purustatud punane pipar ja sool. Kõrvale panema.

Kuumutage oliiviõli 10-tollises broilerikindlas pannil, mis asetatakse keskmisele kõrgele kuumusele. Laota suvikõrvitsaviilud ühtlase kihina panni põhja. Küpseta 3 minutit, keerates neid üks kord, poole peal.

Kata suvikõrvitsakiht kirsstomatiga. Täida munasegu pannil köögiviljade peale. Kõige peale tõsta kreeka pähklid ja mozzarellapallid.

Lülitage keskmisele kuumusele. Küpseta, kuni küljed hakkavad tahenema. Tõstke spaatliga frittata, et munasegu keetmata osad alla voolaksid.

Asetage pann broilerile. Hauta frittatat 4-tollisel kuumusel 5 minutit, kuni pealmine osa on tahenenud. Serveerimiseks lõika frittata viiludeks.

Toitumine (100g kohta): 284 kalorit 14 g rasvu 4 g süsivesikuid 17 g valku 788 mg naatriumi

Banaani-hapukooreleib

Valmistamisaeg: 10 minutit

Söögitegemise aeg: 1 tund 10 minutit

Portsjonid: 32

Raskusaste: keskmine

Koostis:

- Valge suhkur (0,25 tassi)
- Kaneel (1 tl + 2 tl)
- Või (.75)
- Valge suhkur (3 tassi)
- munad (3)
- Väga küpsed banaanid, purustatud (6)
- Hapukoor (16 untsi konteiner)
- Vaniljeekstrakt (2 tl)
- Sool (0,5 tl)
- Söögisoodat (3 tl)
- Universaalne jahu (4,5 tassi)
- Valikuline: hakitud kreeka pähklid (1 tass)
- Vajalik ka: 4–7 x 3-tollised leivavormid

Juhised:

Seadke ahi temperatuurini 300 ° Fahrenheiti. Määri leivavormid.

Sõeluge suhkur ja üks teelusikatäis kaneeli. Puista pann seguga üle.

Vahusta või ülejäänud suhkruga. Püreesta banaanid munade, kaneeli, vanilli, hapukoore, soola, söögisooda ja jahuga. Viska viimasena sisse pähklid.

Valage segu pannidesse. Küpseta seda üks tund. Serveeri

Toitumine (100g kohta): 263 kalorit 10,4 g rasva 9 g süsivesikuid 3,7 g valku 633 mg naatriumi

Kodune pita leib

Valmistamisaeg: 15 minutit

Söögitegemise aeg: 5 tundi (sisaldab kerkimisaegu)

Portsjonid: 7

Raskusaste: raske

Koostis:

- Kuivatatud pärm (0,25 untsi)
- Suhkur (.5 tl)
- Leivajahu / universaalse ja täistera nisu segu (2,5 tassi ja rohkem tolmu puhastamiseks)
- Sool (0,5 tl)
- Vesi (0,25 tassi või vastavalt vajadusele)
- Õli vastavalt vajadusele

Juhised:

Lahustage pärm ja suhkur väikeses segamisnõus ¼ tassi leiges vees. Oodake umbes 15 minutit (valmis, kui see on vahutav).

Teises anumas sõelu jahu ja sool. Tee keskele auk ja lisa pärmisegu (+) üks tass vett. Sõtku tainas.

Asetage see kergelt jahuga kaetud pinnale ja sõtke.

Pane tilk õli suure kausi põhja ja rulli tainas selles, et pind kataks.

Asetage taignaanuma peale niisutatud käterätik. Mähi kauss niiske lapiga ja aseta see sooja kohta vähemalt kaheks tunniks või üleöö. (Tainas kahekordistub).

Suruge tainas alla ja sõtke leib ning jagage see väikesteks pallideks. Lameda pallid paksudeks ovaalseteks ketasteks.

Puhastage käterätik jahuga ja asetage ovaalsed kettad peale, jättes nende vahele piisavalt ruumi laienemiseks. Pulber jahuga ja lao peale teine puhas riie. Lase veel üks kuni kaks tundi kerkida.

Seadke ahi temperatuurile 425 ° Fahrenheiti. Asetage ahju mitu küpsetusplaati korraks kuumutamiseks. Määri soojendatud ahjuplaadid kergelt õliga ja aseta neile ovaalsed leivakettad.

Piserdage ovaalid kergelt veega ja küpsetage, kuni need on kergelt pruunistunud või kuus kuni kaheksa minutit.

Serveeri neid, kuni need on soojad. Asetage vormileivad restile ja mässige need puhta ja kuiva riide sisse, et hiljem pehmed säiliksid.

Toitumine (100g kohta): 210 kalorit 4 g rasva 6 g süsivesikuid 6 g valku 881 mg naatriumi

Lameleivad võileivad

Valmistamisaeg: 10 minutit

Söögitegemise aeg: 20 minutit

Portsjonid: 6

Raskusaste: lihtne

Koostis:

- Oliiviõli (1 spl.)
- 7-teraline pilaf (8,5 untsi pkg)
- Inglise seemneteta kurk (1 tass)
- Seemnetega tomat (1 tass)
- Purustatud fetajuust (0,25 tassi)
- Värske sidrunimahl (2 spl.)
- Värskelt jahvatatud must pipar (0,25 tl)
- Tavaline hummus (7 untsi konteiner)
- Valged täistera lehtleivapaberid (3 2,8 untsi igaüks)

Juhised:

Küpseta pilaf vastavalt pakendi juhistele ja jahuta.

Tükelda ja sega kokku tomat, kurk, juust, õli, pipar ja sidrunimahl. Voldi pilaf sisse.

Valmista wrapid, mille ühel küljel on hummus. Tõsta lusikaga pilaf sisse ja voldi kokku.

Viiluta võileivaks ja serveeri.

Toitumine (100g kohta): 310 kalorit 9 g rasva 8 g süsivesikuid 10 g valku 745 mg naatriumi

Mezze vaagen röstitud Zaatari pitaleivaga

Valmistamisaeg: 10 minutit

Söögitegemise aeg: 10 minutit

Portsjonid: 4

Raskusaste: keskmine

Koostis:

- Täistera pita ümmargused (4)
- Oliiviõli (4 spl.)
- Zaatar (4 tl)
- Kreeka jogurt (1 tass)
- Must pipar ja koššersool (teie maitse järgi)
- Hummus (1 tass)
- Marineeritud artišokisüdamed (1 tass)
- Erinevad oliivid (2 tassi)
- Viilutatud röstitud punane paprika (1 tass)
- Kirsstomatid (2 tassi)
- Salaami (4 untsi)

Juhised:

Suure panni kuumutamiseks kasutage keskmise või kõrge kuumuse seadistust.

Määri pitaleib mõlemalt poolt kergelt õliga ja lisa maitsestamiseks zaatar.

Valmistage partiidena, lisades pita pannile ja röstides kuni pruunistumiseni. Mõlemal küljel peaks kuluma umbes kaks minutit. Lõika kõik pitatükid neljandikku.

Maitsesta jogurt pipra ja soolaga.

Kokkupanemiseks jaga kartulid ja lisa hummus, jogurt, artišokisüdamed, oliivid, punane paprika, tomatid ja salaami.

Toitumine (100g kohta): 731 kalorit 48 g rasva 10 g süsivesikuid 26 g valku 632 mg naatriumi

Mini kana Shawarma

Valmistamisaeg: 10 minutit

Söögitegemise aeg: 1 tund 15 minutit

Portsjonid: 8

Raskusaste: lihtne

Koostis:

- <u>Kana:</u>
- Kanafilee (1 nael)
- Oliiviõli (.25 tassi)
- Sidrun - koor ja mahl (1)
- Köömned (1 tl)
- Küüslaugupulber (2 tl)
- Suitsutatud paprika (.5 tl)
- Koriander (0,75 tl)
- Värskelt jahvatatud must pipar (1 tl)
- <u>Kaste:</u>
- Kreeka jogurt (1,25 tassi)
- Sidrunimahl (1 spl.)
- Riivitud küüslauguküüs (1)
- Värskelt hakitud till (2 spl.)
- Must pipar (0,125 tl/maitse järgi)
- koššersool (soovi korral)
- Hakitud värske petersell (0,25 tassi)
- Punane sibul (pool 1-st)

- Rooma salat (4 lehte)
- Inglise kurk (pool 1-st)
- Tomatid (2)
- Mini pita leib (16)

Juhised:

Viska kana tõmblukuga kotti. Vahusta kanakinnitused ja lisa kotti kuni tund aega marineerima.

Valmistage kaste, ühendades mahla, küüslaugu ja jogurti segamisnõus. Sega juurde till, petersell, pipar ja sool. Aseta külmikusse.

Kuumutage pann keskmise temperatuuriga kuumusseadet kasutades. Tõsta kana marinaadist välja (lase üleliigsel maha tilkuda).

Küpseta, kuni see on täielikult küpsenud või umbes neli minutit mõlemalt poolt. Lõika see hammustuse suurusteks ribadeks.

Tükeldage kurk ja sibul õhukesteks viiludeks. Rebi salat ja tükelda tomatid. Pange kokku ja lisage pitadele – kana, salat, sibul, tomat ja kurk.

Toitumine (100g kohta): 216 kalorit 16 g rasva 9 g süsivesikuid 9 g valku 745 mg naatriumi

Baklažaani pitsa

Valmistamisaeg: 10 minutit
Söögitegemise aeg: 30 minutit
Portsjonid: 6
Raskusaste: keskmine

Koostis:

- Baklažaan (1 suur või 2 keskmist)
- Oliiviõli (.33 tassi)
- Must pipar ja sool (soovi korral)
- Marinara kaste – poest ostetud/omatehtud (1,25 tassi)
- Hakitud mozzarella juust (1,5 tassi)
- Kirsstomatid (2 tassi - poolitatud)
- Rebitud basiilikulehed (0,5 tassi)

Juhised:

Kuumutage ahi temperatuurini 400 ° Fahrenheiti. Valmista küpsetusplaat küpsetuspaberi kihiga.

Viilutage baklažaani ots/otsad ja lõigake see ¾-tollisteks viiludeks. Laota viilud ettevalmistatud lehele ja pintselda mõlemalt poolt oliiviõliga. Puista oma maitse järgi pipra ja soolaga.

Rösti baklažaane pehmeks (10–12 minutit).

Tõsta plaat ahjust ja lisa iga osa peale kaks supilusikatäit kastet. Tõsta peale mozzarella ja kolm kuni viis tomatitükki.

Küpseta, kuni juust on sulanud. Tomatid peaksid villi minema veel umbes viie kuni seitsme minuti pärast.

Võtke plaat ahjust välja. Serveeri ja kaunista basiilikut.

Toitumine (100g kohta): 257 kalorit 20 g rasva 11 g süsivesikuid 8 g valku 789 mg naatriumi

Vahemere täistera pitsa

Valmistamisaeg: 10 minutit

Söögitegemise aeg: 25 minutit

Portsjonid: 4

Raskusaste: lihtne

Koostis:

- Täistera pitsakoor (1)
- Basiiliku pesto (4 untsi purk)
- Artišokisüdamed (0,5 tassi)
- Kalamata oliivid (2 spl.)
- Pepperoncini (2 spl. nõrutatud)
- Feta juust (0,25 tassi)

Juhised:

Programmeerige ahi temperatuurini 450 ° Fahrenheiti.

Nõruta ja tõmba artišokid tükkideks. Viiluta/tükelda pepperoncini ja oliivid.

Laota pitsakoor jahuga ülepuistatud tööpinnale ja kata pestoga.

Aseta pitsa peale artišokk, pepperoncini viilud ja oliivid. Viimasena murenda ja lisa feta.

Küpseta 10-12 minutit. Serveeri.

Toitumine (100g kohta): 277 kalorit 18,6 g rasva 8 g süsivesikuid 9,7 g valku 841 mg naatriumi

Spinati ja Feta Pita küpsetamine

Valmistamisaeg: 5 minutit

Söögitegemise aeg: 22 minutit

Portsjonid: 6

Raskusaste: raske

Koostis:

- Päikesekuivatatud tomati pesto (6 untsi vann)
- Roma - ploomtomatid (2 tükeldatud)
- Täistera pita leib (kuus 6-tollist)
- Spinat (1 hunnik)
- Seened (4 viilutatud)
- Riivitud parmesani juust (2 spl.)
- Purustatud fetajuust (0,5 tassi)
- Oliiviõli (3 spl.)
- Must pipar (soovi järgi)

Juhised:

Seadke ahi temperatuurini 350 ° Fahrenheiti.

Pintselda pestot iga pitaleiva ühele küljele ja lao need küpsetusplaadile (pesto pool üleval).

Loputa ja tükelda spinat. Lisa pitasid spinati, seente, tomatite, fetajuustu, pipra, parmesani juustu, pipra ja tilgakese õliga.

Küpseta kuumas ahjus, kuni pita leib on krõbe (12 min). Lõika pitad neljandikku.

Toitumine (100g kohta): 350 kalorit 17,1 g rasva 9 g süsivesikuid 11,6 g valku 712 mg naatriumi

Arbuusifeta ja palsamipitsa

Valmistamisaeg: 10 minutit

Söögitegemise aeg: 15 minutit

Portsjonid: 4

Raskusaste: lihtne

Koostis:

- Arbuus (keskelt 1-tolline paks)
- Purustatud fetajuust (1 unts)
- Viilutatud Kalamata oliivid (5-6)
- Mündi lehed (1 tl)
- Balsamico glasuur (0,5 spl.)

Juhised:

Lõika arbuusi kõige laiem osa pooleks. Seejärel lõigake kumbki pool neljaks viiluks.

Serveeri ümmargusel pirukavormil nagu pitsa ja kata oliivide, juustu, piparmündilehtede ja glasuuriga.

Toitumine (100g kohta): 90 kalorit 3 g rasva 4 g süsivesikuid 2 g valku 761 mg naatriumi

Vürtsburgerid

Valmistamisaeg: 10 minutit

Söögitegemise aeg: 30 minutit

Portsjonid: 6

Raskusaste: keskmine

Koostis:

- Keskmine sibul (1)
- Värske petersell (3 spl.)
- küüslauguküünt (1)
- Jahvatatud piment (0,75 tl)
- Pipar (0,75 tl)
- Jahvatatud muskaatpähkel (0,25 tl)
- kaneel (.5 tl)
- Sool (0,5 tl)
- Värske piparmünt (2 spl.)
- 90% lahja veisehakkliha (1,5 naela)
- Valikuline: külm Tzatziki kaste

Juhised:

Haki/haki petersell, piparmünt, küüslauk ja sibul peeneks.

Vahusta muskaatpähkel, sool, kaneel, pipar, piment, küüslauk, piparmünt, petersell ja sibul.

Lisa veiseliha ja valmista kuus (6) 2x4-tollist piklikku pätsi.

Kasutage pätsikeste grillimiseks keskmise temperatuuri seadistust või praadige neid neli tolli kuumusest 6 minutit mõlemalt poolt.

Kui need on valmis, registreerib lihatermomeeter 160 ° Fahrenheiti. Serveeri soovi korral kastmega.

Toitumine (100g kohta): 231 kalorit 9 g rasva 10 g süsivesikuid 32 g valku 811 mg naatriumi

Prosciutto – salat – tomati- ja avokaadovõileivad

Valmistamisaeg: 10 minutit

Söögitegemise aeg: 10 minutit

Portsjonid: 4

Raskusaste: lihtne

Koostis:

- Prosciutto (2 untsi / 8 õhukest viilu)
- Küps avokaado (1 pooleks lõigatud)
- Rooma salat (4 täislehte)
- Suur küps tomat (1)
- Täistera- või täisteraleiva viilud (8)
- Must pipar ja koššersool (0,25 tl)

Juhised:

Rebi salatilehed kaheksaks tükiks (kokku). Viiluta tomat kaheksaks ringiks. Rösti leib ja aseta taldrikule.

Kraabi avokaado viljaliha nahalt välja ja viska segamisnõusse. Puhastage see kergelt pipra ja soolaga. Vahusta või püreesta avokaado õrnalt, kuni see on kreemjas. Määri leiva peale.

Tee üks võileib. Võtke viil avokaado röstsaia; pane peale salatileht, prosciutto viil ja tomativiil. Tõsta peale veel üks salatomativiil ja jätka.

Korrake protsessi, kuni kõik koostisosad on otsas.

Toitumine (100g kohta): 240 kalorit 9 g rasva 8 g süsivesikuid 12 g valku 811 mg naatriumi

Spinatipirukas

Valmistamisaeg: 10 minutit

Söögitegemise aeg: 60 minutit

Portsjonid: 6

Raskusaste: keskmine

Koostis:

- Sulatatud või (0,5 tassi)
- Külmutatud spinat (10 untsi pkg)
- Värske petersell (0,5 tassi)
- Roheline sibul (0,5 tassi)
- Värske till (0,5 tassi)
- Purustatud fetajuust (0,5 tassi)
- Toorjuust (4 untsi)
- Kodujuust (4 untsi)
- Parmesan (2 spl - riivitud)
- Suured munad (2)
- Pipar ja sool (soovi korral)
- Phyllo tainas (40 lehte)

Juhised:

Kuumutage ahju seadistust temperatuuril 350 ° Fahrenheiti.

Haki/tükelda sibul, till ja petersell. Sulata spinat ja taignalehed.

Tupsuta spinat pigistades kuivaks.

Kombineeri spinat, talisibul, munad, juustud, petersell, till, pipar ja sool segistis, kuni see on kreemjas.

Valmistage ette väikesed filokolmnurgad, täites need ühe teelusikatäie spinatiseguga.

Pintselda kolmnurgad väljast kergelt võiga ja aseta need määrimata küpsetusplaadile õmblusega allapoole.

Pane need kuumutatud ahju kuldpruuniks ja paisuks küpsema (20-25 min). Serveeri torud kuumalt.

Toitumine (100g kohta): 555 kalorit 21,3 g rasva 15 g süsivesikuid 18,1 g valku 681 mg naatriumi

Feta kana burgerid

Valmistamisaeg: 10 minutit

Söögitegemise aeg: 30 minutit

Portsjonid: 6

Raskusaste: keskmine

Koostis:

- ¼ tassi vähendatud rasvasisaldusega majoneesi
- ¼ tassi peeneks hakitud kurki
- ¼ tl musta pipart
- 1 tl küüslaugupulbrit
- ½ tassi hakitud röstitud magus punane pipar
- ½ tl Kreeka maitseainet
- 1,5 naela lahja jahvatatud kana
- 1 tass purustatud fetajuustu
- 6 täistera burgeri kuklit

Juhised:

Kuumuta broiler enne tähtaega ahju. Sega majoneesi ja kurk. Kõrvale panema.

Kombineerige burgerite jaoks kõik maitseained ja punane pipar. Sega kana ja juust korralikult läbi. Vormi segust 6 ½ tolli paksused pätsikesed.

Küpseta burgerid broileris ja asetage umbes neli tolli soojusallikast. Küpseta, kuni termomeeter jõuab 165 kraadi Fahrenheiti järgi.

Serveeri kuklite ja kurgikastmega. Kaunista soovi korral tomati ja salatiga ning serveeri.

Toitumine (100g kohta): 356 kalorit 14 g rasva 10 g süsivesikuid 31 g valku 691 mg naatriumi

Röstitud sealiha tacode jaoks

Valmistamisaeg: 10 minutit

Söögitegemise aeg: 1 tund 15 minutit

Portsjonid: 6

Raskusaste: keskmine

Koostis:

- Sea abapraad (4 naela)
- Tükeldatud roheline tšilli (2–4 untsi purgid)
- Tšillipulber (0,25 tassi)
- Kuivatatud pune (1 tl)
- Taco maitseaine (1 tl)
- Küüslauk (2 tl)
- Sool (1,5 tl või vastavalt soovile)

Juhised:

Seadke ahi temperatuurini 300 ° Fahrenheiti.

Asetage praad suurele alumiiniumfooliumilehele.

Nõruta tšilli. Haki küüslauk.

Sega roheline tšilli, taco maitseaine, tšillipulber, pune ja küüslauk.

Hõõru seguga praad üle ja kata fooliumikihiga.

Asetage pakitud sealiha röstimisrestile küpsiseplaadile, et lekkeid püüda.

Röstige seda 3,5–4 tundi kuumas ahjus, kuni see laguneb. Küpseta, kuni keskosa saavutab lihatermomeetriga testimisel vähemalt 145 ° Fahrenheiti (sisetemperatuur).

Tõsta röst hakkimisplokki, et kahe kahvli abil väikesteks tükkideks rebida. Maitsesta vastavalt soovile.

Toitumine (100g kohta): 290 kalorit 17,6 g rasva 12 g süsivesikuid 25,3 g valku 471 mg naatriumi

Itaalia õuna- oliiviõli kook

Valmistamisaeg: 10 minutit

Söögitegemise aeg: 1 tund 10 minutit

Portsjonid: 12

Raskusaste: keskmine

Koostis:

- Gala õunad (2 suurt)
- Apelsinimahl - õunte leotamiseks
- Universaalne jahu (3 tassi)
- Jahvatatud kaneel (0,5 tl)
- Muskaatpähkel (0,5 tl)
- Küpsetuspulber (1 tl)
- Söögisoodat (1 tl)
- Suhkur (1 tass)
- Oliiviõli (1 tass)
- Suured munad (2)
- Kuldrosinad (0,66 tassi)
- Kondiitri suhkur - tolmutamiseks
- Vaja läheb ka: 9-tolline küpsetuspann

Juhised:

Koori ja tükelda õunad peeneks. Nirista õuntele pruuniks tõmbumise vältimiseks täpselt niipalju apelsinimahla.

Leota rosinaid soojas vees 15 minutit ja nõruta hästi.

Sõeluge söögisooda, jahu, küpsetuspulber, kaneel ja muskaatpähkel. Seadke see praegu küljele.

Valage oliiviõli ja suhkur statsionaarse mikseri kaussi. Segage madalal temperatuuril 2 minutit või kuni segu on hästi segunenud.

Blenderda joostes, murra ükshaaval sisse munad ja jätka segamist 2 minutit. Segu maht peaks suurenema; see peaks olema paks - mitte vedel.

Sega kõik koostisosad hästi kokku. Tee jahusegu keskele auk ja lisa oliivi- ja suhkrusegu.

Eemaldage õuntest üleliigne mahl ja nõrutage leotatud rosinad. Lisa need koos taignaga hästi segades.

Valmista küpsetusvorm küpsetuspaberiga. Asetage tainas pannile ja tasandage see puulusika seljaga.

Küpseta seda 45 minutit temperatuuril 350 ° Fahrenheiti.

Kui kook on valmis, eemalda kook küpsetuspaberilt ja aseta serveerimisnõusse. Puista üle kondiitri suhkruga. Kuumuta pealt kaunistamiseks tumedat mett.

Toitumine (100g kohta): 294 kalorit 11 g rasva 9 g süsivesikuid 5,3 g valku 691 mg naatriumi

Kiire tilapia punase sibula ja avokaadoga

Valmistamisaeg: 10 minutit

Söögitegemise aeg: 5 minutit

Portsjonid: 4

Raskusaste: keskmine

Koostis:

- 1 spl ekstra neitsioliiviõli
- 1 spl värskelt pressitud apelsinimahla
- ¼ teelusikatäit košer- või meresoola
- 4 (4 untsi) tilapia fileed, rohkem piklikud kui kandilised, nahaga või nahaga
- ¼ tassi hakitud punast sibulat
- 1 avokaado

Juhised:

9-tollises klaasist pirukavormis segage õli, apelsinimahl ja sool. Töötle fileega üheaegselt, aseta kumbki pirukavormi ja kata igast küljest. Vormi fileed vagunirataste vormis. Aseta igale fileele 1 supilusikatäis sibulat, seejärel murra üle serva rippuv filee ots pooleks sibula peale. Kui see on valmis, peaks teil olema 4 kokkuvolditud fileetükki, mille voldik on vastu tassi välisserva ja kõik otsad keskel.

Mähi nõu kilesse, jätke väike osa servast lahti, et aur väljuks. Küpseta mikrolaineahjus kõrgel temperatuuril umbes 3 minutit. Kui see on valmis, peaks see õrnalt kahvliga vajutamisel eralduma helvesteks (tükkideks). Kaunista fileed avokaadoga ja serveeri.

Toitumine (100g kohta): 200 kalorit 3 g rasva 4 g süsivesikuid 22 g valku 811 mg naatriumi

Grillitud kala sidrunitel

Valmistamisaeg: 10 minutit

Söögitegemise aeg: 10 minutit

Portsjonid: 4

Raskusaste: raske

Koostis:

- 4 (4 untsi) kalafileed
- Mittenakkuv toiduvalmistamisprei
- 3 kuni 4 keskmist sidrunit
- 1 spl ekstra neitsioliiviõli
- ¼ tl värskelt jahvatatud musta pipart
- ¼ teelusikatäit koššer- või meresoola

Juhised:

Patsutage filee paberrätikutega kuivaks ja laske 10 minutit toatemperatuuril seista. Vahepeal katke grilli külm küpsetusrest mittekleepuva küpsetusspreiga ja eelsoojendage grill temperatuurini 400 °F või keskmisel kuumusel.

Lõika üks sidrun pooleks ja pane pool kõrvale. Lõika ülejäänud pool sellest sidrunist ja ülejäänud sidrunid ¼ tolli paksusteks viiludeks. (Sul peaks olema umbes 12–16 sidruniviilu.) Pigista väikesesse kaussi reserveeritud sidrunipoolest välja 1 supilusikatäis mahla.

Lisa kaussi õli sidrunimahlaga ja sega korralikult läbi. Tõsta kala mõlemad pooled õliseguga ning puista ühtlaselt üle pipra ja soolaga.

Asetage sidruniviilud ettevaatlikult grillile (või grillpannile), asetades 3–4 viilu kokku kalafilee kujul, ja korrake ülejäänud viiludega. Aseta kalafileed otse sidruniviilude peale ja grilli suletud kaanega. (Kui grillite pliidi peal, katke suure potikaane või alumiiniumfooliumiga.) Keerake kala poole küpsetusaja jooksul ümber ainult siis, kui filee paksus on üle poole tolli. See valmib siis, kui kergelt kahvliga vajutades hakkab helvesteks eralduma.

Toitumine (100g kohta):147 kalorit 5 g rasva 1 g süsivesikuid 22 g valku 917 mg naatriumi

Weeknight Sheet Pan Fish Dinner

Valmistamisaeg: 10 minutit

Söögitegemise aeg: 10 minutit

Portsjonid: 4

Raskusaste: keskmine

Koostis:

- Mittenakkuv toiduvalmistamissprei
- 2 spl ekstra neitsioliiviõli
- 1 spl palsamiäädikat
- 4 (4 untsi) kalafileed (½ tolli paksune)
- 2½ tassi rohelisi ube
- 1 pint kirss- või viinamarjatomateid

Juhised:

Kuumuta ahi 400 °F-ni. Pintselda kahte suurt servadega küpsetusplaati mittenakkuva küpsetusspreiga. Sega väikeses kausis õli ja äädikas kokku. Kõrvale panema. Aseta igale ahjuplaadile kaks kalatükki.

Sega suures kausis oad ja tomatid. Vala õli ja äädikas ning viska õrnalt katteks. Vala pool roheliste ubade segust ühele ahjuplaadile kalale ja ülejäänud pool teisele kalale. Pöörake kala ümber ja hõõruge seda õliseguga. Laota köögiviljad ühtlaselt küpsetuspaberitele, et kuum õhk saaks nende ümber ringelda.

Küpseta, kuni kala on lihtsalt läbipaistmatu. See valmib siis, kui see hakkab õrnalt kahvliga torgamisel tükkideks eralduma.

Toitumine (100g kohta): 193 kalorit 8 g rasva 3 g süsivesikuid 23 g valku 811 mg naatriumi

Krõbedad polenta kalapulgad

Valmistamisaeg: 10 minutit

Söögitegemise aeg: 15 minutit

Portsjonid: 4

Raskusaste: raske

Koostis:

- 2 suurt muna, kergelt lahti klopitud
- 1 spl 2% piima
- 1-kilone nahaga kalafileed, viilutatud 20 (1 tolli laiusteks) ribadeks
- ½ tassi kollast maisijahu
- ½ tassi täistera panko leivapuru
- ¼ tl suitsupaprikat
- ¼ teelusikatäit košser- või meresoola
- ¼ tl värskelt jahvatatud musta pipart
- Mittenakkuv toiduvalmistamissprei

Juhised:

Asetage ahju suur ääristatud küpsetusplaat. Kuumuta ahi 400 ° F-ni, pann sees. Sega suures kausis munad ja piim. Lisa kahvli abil munasegule kalaribad ja sega õrnalt, et katta.

Pange maisijahu, riivsai, suitsupaprika, sool ja pipar veerandisuurusesse lukuga kilekotti. Tõsta kala kahvli või tangide abil kotti, lase enne ülekandmist üleliigsel munapesul kaussi tilkuda. Sulgege tihedalt ja raputage õrnalt, et kalapulk täielikult kataks.

Eemaldage ahjukindadega ettevaatlikult kuum küpsetusplaat ahjust ja piserdage sellele mittenakkuva küpsetusspreiga. Eemaldage kalapulgad kahvli või tangide abil kotist ja asetage need kuumale küpsetusplaadile, jättes nende vahele ruumi, et kuum õhk saaks ringelda ja need krõbedaks muuta. Küpseta 5–8 minutit, kuni õrn kahvliga vajutamine põhjustab kala helbeid, ja serveeri.

Toitumine (100g kohta):256 kalorit 6 g rasva 2 g süsivesikuid 29 g valku 667 mg naatriumi

Lõhepanni õhtusöök

Valmistamisaeg: 15 minutit

Söögitegemise aeg: 15 minutit

Portsjonid: 4

Raskusaste: keskmine

Koostis:

- 1 spl ekstra neitsioliiviõli
- 2 küüslauguküünt hakitud
- 1 tl suitsupaprikat
- 1-pint viinamarja- või kirsstomateid, neljaks lõigatud
- 1 (12 untsi) purk röstitud punast paprikat
- 1 spl vett
- ¼ tl värskelt jahvatatud musta pipart
- ¼ teelusikatäit koššer- või meresoola
- 1-kilone lõhefileed, nahk eemaldatud, lõigatud 8 tükiks
- 1 spl värskelt pressitud sidrunimahla (½ keskmisest sidrunist)

Juhised:

Küpsetage pannil õli keskmisel kuumusel. Sega hulka küüslauk ja suitsupaprika ning küpseta sageli segades 1 minut. Segage tomatid, röstitud paprika, vesi, must pipar ja sool. Seadke kuumus keskmisele kõrgele, hautage ja küpseta 3 minutit ning purustage tomatid kuni küpsetusaja lõpuni.

Aseta lõhe pannile ja nirista peale osa kastet. Katke kaanega ja küpseta 10–12 minutit (145 °F lihatermomeetriga) ja hakkab lihtsalt ketenema.

Tõmmake pann tulelt ja piserdage kala ülaosale sidrunimahla. Segage kaste, seejärel lõigake lõhe tükkideks. Serveeri.

Toitumine (100g kohta): 289 kalorit 13 g rasva 2 g süsivesikuid 31 g valku 581 mg naatriumi

Toscana tuunikala ja suvikõrvitsa burgerid

Valmistamisaeg: 10 minutit
Söögitegemise aeg: 30 minutit
Portsjonid: 4
Raskusaste: keskmine

Koostis:

- 3 viilu täistera võileiba, röstitud
- 2 (5 untsi) purki tuunikala oliiviõlis
- 1 tass hakitud suvikõrvitsat
- 1 suur muna, kergelt lahti klopitud
- ¼ tassi kuubikuteks lõigatud punast paprikat
- 1 spl kuivatatud pune
- 1 tl sidrunikoort
- ¼ tl värskelt jahvatatud musta pipart
- ¼ teelusikatäit košer- või meresoola
- 1 spl ekstra neitsioliiviõli
- Rohelised salatid või 4 täisterarulli serveerimiseks (valikuline)

Juhised:

Murendage röstsai sõrmedega riivsaiaks (või lõigake noaga ¼-tollisteks kuubikuteks), kuni teil on 1 tass lõdvalt pakitud puru. Vala puru suurde kaussi. Lisa tuunikala, suvikõrvits, muna, paprika, pune, sidrunikoor, must pipar ja sool. Sega kahvliga korralikult läbi. Jaga segu neljaks (½ tassi suuruseks) pätsiks. Asetage taldrikule ja suruge iga pätsike umbes ¾ tolli paksuseks.

Küpsetage pannil õli keskmisel-kõrgel kuumusel. Lisa pätsikesed kuumale õlile ja keera kuumus keskmisele tasemele. Küpseta kotletid 5 minutit, keerake spaatliga ümber ja küpseta veel 5 minutit. Naudi niisama või serveeri salatiroheliste või täisterarullide peal.

Toitumine (100g kohta): 191 kalorit 10 g rasva 2 g süsivesikuid 15 g valku 661 mg naatriumi

Sitsiilia lehtkapsa ja tuunikala kauss

Valmistamisaeg: 15 minutit

Söögitegemise aeg: 15 minutit

Portsjonid: 6

Raskusaste: keskmine

Koostis:

- 1-kilone lehtkapsas
- 3 supilusikatäit ekstra neitsioliiviõli
- 1 tass hakitud sibulat
- 3 küüslauguküünt, hakitud
- 1 (2,25 untsi) purk viilutatud oliive, nõrutatud
- ¼ tassi kapparid
- ¼ tl punast pipart
- 2 tl suhkrut
- 2 (6 untsi) purki tuunikala oliiviõlis
- 1 (15 untsi) purk cannellini ube
- ¼ tl jahvatatud musta pipart
- ¼ teelusikatäit košer- või meresoola

Juhised:

Keeda potis kolmveerand vett täis. Sega hulka lehtkapsas ja küpseta 2 minutit. Kurna lehtkapsas kurnaga ja tõsta kõrvale.

Tõsta tühi pott keskmisel kuumusel tagasi pliidile ja pane õli sisse. Sega hulka sibul ja küpseta pidevalt segades 4 minutit. Pane küüslaugu sisse ja küpseta 1 minut. Asetage oliivid, kapparid ja purustatud punane pipar ning küpseta 1 minut. Viimasena lisa osaliselt keedetud lehtkapsas ja suhkur, sega, kuni lehtkapsas on täielikult õliga kaetud. Sulgege pott ja küpseta 8 minutit.

Tõsta lehtkapsas tulelt, lisa tuunikala, oad, pipar ja sool ning serveeri.

Toitumine (100g kohta): 265 kalorit 12 g rasva 7 g süsivesikuid 16 g valku 715 mg naatriumi

Vahemere tursahautis

Valmistamisaeg: 10 minutit

Söögitegemise aeg: 20 minutit

Portsjonid: 6

Raskusaste: keskmine

Koostis:

- 2 spl ekstra neitsioliiviõli
- 2 tassi hakitud sibulat
- 2 küüslauguküünt, hakitud
- ¾ tl suitsupaprikat
- 1 purk (14,5 untsi) tükeldatud tomateid, kuivatamata
- 1 (12 untsi) purk röstitud punast paprikat
- 1 tass viilutatud oliive, rohelisi või musti
- 1/3 tassi kuiva punast veini
- ¼ tl värskelt jahvatatud musta pipart
- ¼ teelusikatäit košer- või meresoola
- 1½ naela tursafileed, lõigatud 1-tollisteks tükkideks
- 3 tassi viilutatud seeni

Juhised:

Küpseta õli potis. Sega hulka sibul ja küpseta 4 minutit, aeg-ajalt segades. Sega juurde küüslauk ja suitsupaprika ning küpseta sageli segades 1 minut.

Segage tomatid nende mahlade, röstitud paprikate, oliivide, veini, pipra ja soolaga ning keerake kuumus keskmiselt kõrgeks.

Kuumuta keemiseni. Lisa tursk ja seened ning vähenda kuumust keskmisele tasemele.

Küpseta umbes 10 minutit, aeg-ajalt segades, kuni tursk on läbi küpsenud ja kergesti helbed, ning serveeri.

Toitumine (100g kohta): 220 kalorit 8 g rasva 3 g süsivesikuid 28 g valku 583 mg naatriumi

Aurutatud rannakarbid valge veini kastmes

Valmistamisaeg: 5 minutit
Söögitegemise aeg: 10 minutit
Portsjonid: 4
Raskusaste: raske

Koostis:

- 2 naela väikesed rannakarbid
- 1 spl ekstra neitsioliiviõli
- 1 tass õhukeselt viilutatud punast sibulat
- 3 küüslaugucküünt, viilutatud
- 1 tass kuiva valget veini
- 2 (¼ tolli paksust) sidruni viilu
- ¼ tl värskelt jahvatatud musta pipart
- ¼ teelusikatäit košer- või meresoola
- Värsked sidruniviilud, serveerimiseks (valikuline)

Juhised:

Valage kraanikausis olevas suures kurnis külma veega üle rannakarpide (kuid ärge laske rannakarbid seisvas vees istuda). Kõik kestad peavad olema tihedalt suletud; visake ära kõik veidi lahtised kestad või mõranenud kestad. Jätke rannakarbid kurn, kuni olete valmis neid kasutama.

Küpseta suurel pannil õli. Sega hulka sibul ja küpseta 4 minutit, aeg-ajalt segades. Asetage küüslauk ja küpseta 1 minut, pidevalt segades. Lisa vein, sidruniviilud, pipar ja sool ning lase keema tõusta. Küpseta 2 minutit.

Lisa rannakarbid ja kata. Küpseta, kuni rannakarbid avavad oma kestad. Küpsetamise ajal raputage panni õrnalt kaks või kolm korda.

Kõik kestad peaksid nüüd olema pärani lahti. Kasutades lõhikuga lusikat, visake veel suletud rannakarbid ära. Tõsta avatud rannakarbid lusikaga madalasse serveerimiskaussi ja vala peale puljong. Serveeri soovi korral täiendavate värskete sidruniviiludega.

Toitumine (100g kohta):222 kalorit 7 g rasva 1 g süsivesikuid 18 g valku 708 mg naatriumi

Apelsini ja küüslaugu krevetid

Valmistamisaeg: 20 minutit

Söögitegemise aeg: 10 minutit

Portsjonid: 6

Raskusaste: raske

Koostis:

- 1 suur apelsin
- 3 spl ekstra neitsioliiviõli, jagatud
- 1 spl hakitud värsket rosmariini
- 1 spl hakitud värsket tüümiani
- 3 küüslauguküünt, hakitud (umbes 1½ teelusikatäit)
- ¼ tl värskelt jahvatatud musta pipart
- ¼ teelusikatäit koššer- või meresoola
- 1½ naela värskeid tooreid krevette, kestad ja sabad eemaldatud

Juhised:

Koori kogu apelsin tsitruselise riiviga. Sega apelsinikoor ja 2 spl õli rosmariini, tüümiani, küüslaugu, pipra ja soolaga. Segage krevetid, sulgege kott ja masseerige krevette õrnalt, kuni kõik koostisosad on segunenud ja krevetid on maitseainetega täielikult kaetud. Kõrvale panema.

Kuumuta grill, grillpann või suur pann keskmisel kuumusel. Pintselda peale või keeruta sisse ülejäänud 1 spl õli. Lisa pool krevettidest ja küpseta 4–6 minutit või seni, kuni krevetid muutuvad roosaks ja valgeks, keerates pooleldi ümber, kui need on grillil, või segades iga minut, kui pannil. Andke krevetid suurde serveerimisnõusse. Korrake ja asetage need kaussi.

Krevettide küpsemise ajal koorige apelsin ja lõigake viljaliha parajateks tükkideks. Asetage serveerimisnõusse ja raputage keedetud krevettidega. Serveeri kohe või jahuta ja serveeri külmalt.

Toitumine (100g kohta): 190 kalorit 8 g rasva 1 g süsivesikuid 24 g valku 647 mg naatriumi

Röstitud krevetid-gnocchi küpsetamine

Valmistamisaeg: 10 minutit

Söögitegemise aeg: 20 minutit

Portsjonid: 4

Raskusaste: keskmine

Koostis:

- 1 tass hakitud värsket tomatit
- 2 spl ekstra neitsioliiviõli
- 2 küüslauguküünt, hakitud
- ½ tl värskelt jahvatatud musta pipart
- ¼ tl purustatud punast pipart
- 1 (12 untsi) purk röstitud punast paprikat
- 1 kilo värskeid tooreid krevette, kestad ja sabad eemaldatud
- 1-naelne külmutatud gnocchi (sulatamata)
- ½ tassi kuubikuteks lõigatud fetajuustu
- 1/3 tassi värskeid rebitud basiiliku lehti

Juhised:

Kuumuta ahi temperatuurini 425 ° F. Sega ahjuvormis tomatid, õli, küüslauk, must pipar ja purustatud punane pipar. Rösti ahjus 10 minutit.

Sega juurde röstitud paprika ja krevetid. Rösti veel 10 minutit, kuni krevetid muutuvad roosaks ja valgeks.

Kuni krevetid küpsevad, küpseta pliidiplaadil gnocchi vastavalt pakendi juhistele. Nõruta kurnis ja hoia soojas. Eemaldage roog ahjust. Sega hulka keedetud gnocchi, feta ja basiilik ning serveeri.

Toitumine (100g kohta): 277 kalorit 7 g rasva 1 g süsivesikuid 20 g valku 711 mg naatriumi

Vürtsikas krevett Puttanesca

Valmistamisaeg: 5 minutit

Söögitegemise aeg: 15 minutit

Portsjonid: 4

Raskusaste: keskmine

Koostis:

- 2 spl ekstra neitsioliiviõli
- 3 anšoovisefileed, nõrutatud ja tükeldatud
- 3 küüslauguküünt, hakitud
- ½ tl purustatud punast pipart
- 1 (14,5 untsi) purk madala naatriumisisaldusega või ilma soolata tükeldatud tomatid, kuivatamata
- 1 (2,25 untsi) purk musti oliive
- 2 spl kapparit
- 1 spl hakitud värsket pune
- 1 kilo värskeid tooreid krevette, kestad ja sabad eemaldatud

Juhised:

Küpsetage õli keskmisel kuumusel. Sega hulka anšoovised, küüslauk ja purustatud punane pipar. Küpseta 3 minutit, sageli segades ja puulusikaga anšooviseid purustades, kuni need on õlisse sulanud.

Segage tomatid nende mahlade, oliivide, kapparite ja punega. Tõstke kuumus keskmisele kõrgele ja laske keema tõusta.

Kui kaste kergelt mullitab, sega hulka krevetid. Valige kuumus keskmiseks ja küpseta krevette, kuni need muutuvad roosaks ja valgeks, seejärel serveerige.

Toitumine (100g kohta): 214 kalorit 10 g rasva 2 g süsivesikuid 26 g valku 591 mg naatriumi

Itaalia tuunikala võileivad

Valmistamisaeg: 10 minutit

Söögitegemise aeg: 0 minutit

Portsjonid: 4

Raskusaste: lihtne

Koostis:

- 3 supilusikatäit värskelt pressitud sidrunimahla
- 2 spl ekstra neitsioliiviõli
- 1 küüslauguküüs, hakitud
- ½ tl värskelt jahvatatud musta pipart
- 2 (5 untsi) purki tuunikala, nõrutatud
- 1 (2,25 untsi) purk viilutatud oliive
- ½ tassi hakitud värsket apteegitilli, sealhulgas lehed
- 8 viilu täistera koorega leiba

Juhised:

Segage sidrunimahl, õli, küüslauk ja pipar. Lisa tuunikala, oliivid ja apteegitill. Eraldage tuunikala kahvli abil tükkideks ja segage, et kõik koostisosad seguneksid.

Jaga tuunikalasalat võrdselt 4 saiaviilu vahel. Tõsta igaüks peale ülejäänud saiaviilud. Laske võileibadel seista vähemalt 5 minutit, et maitsev täidis saaks enne serveerimist leiva sisse imbuda.

Toitumine (100g kohta): 347 kalorit 17 g rasva 5 g süsivesikuid 25 g valku 447 mg naatriumi

Tilli lõhe salati wrapid

Valmistamisaeg: 10 minutit

Söögitegemise aeg: 10 minutit

Portsjonid: 6

Raskusaste: lihtne

Koostis:

- 1-kilone lõhefilee, keedetud ja helvestatud
- ½ tassi tükeldatud porgandit
- ½ tassi kuubikuteks lõigatud sellerit
- 3 spl hakitud värsket tilli
- 3 spl kuubikuteks hakitud punast sibulat
- 2 spl kapparit
- 1½ supilusikatäit ekstra neitsioliiviõli
- 1 spl laagerdunud palsamiäädikat
- ½ tl värskelt jahvatatud musta pipart
- ¼ teelusikatäit košer- või meresoola
- 4 täistera lameleiva wrappi või pehmet täistera tortillat

Juhised:

Sega kokku lõhe, porgand, seller, till, punane sibul, kapparid, õli, äädikas, pipar ja sool. Jaga lõhesalat vormileibade vahel. Kortsuta vormileiva põhi, keera siis wrap kokku ja serveeri.

Toitumine (100g kohta): 336 kalorit 16 g rasva 5 g süsivesikuid 32 g valku 884 mg naatriumi

White Clam Pizza Pie

Valmistamisaeg: 10 minutit

Söögitegemise aeg: 20 minutit

Portsjonid: 4

Raskusaste: raske

Koostis:

- 1 nael külmkapis värsket pitsatainast
- Mittenakkuv toiduvalmistamissprei
- 2 spl ekstra neitsioliiviõli, jagatud
- 2 küüslauguküünt, hakitud (umbes 1 tl)
- ½ tl purustatud punast pipart
- 1 (10 untsi) purk terveid beebikarpe, nõrutatuna
- ¼ tassi kuiva valget veini
- Universaalne jahu tolmutamiseks
- 1 tass kuubikuteks lõigatud mozzarella juustu
- 1 spl riivitud Pecorino Romano või parmesani juustu
- 1 spl hakitud värsket lamedalehelist (Itaalia) peterselli

Juhised:

Kuumuta ahi 500 °F-ni. Pintselda suurt servadega küpsetusplaati mittenakkuva küpsetuspreiga.

Küpseta suurel pannil 1½ supilusikatäit õli. Pange küüslauk ja purustatud punane pipar ning küpseta 1 minut, segades sageli, et küüslauk ei kõrbeks. Lisa reserveeritud merekarbi mahl ja vein.

Kuumuta kõrgel kuumusel keema. Alandage kuumust keskmisele tasemele, nii et kaste lihtsalt podiseb, ja küpseta 10 minutit, aeg-ajalt segades. Kaste küpseb ja pakseneb.

Asetage karbid ja küpseta 3 minutit, aeg-ajalt segades. Kastme küpsemise ajal vormige pitsataignast kergelt jahusel pinnal taignarulliga või kätega venitades 12-tolline ring või 10x12-tolline ristkülik. Asetage tainas ettevalmistatud küpsetusplaadile. Määri tainas ülejäänud ½ supilusikatäie õliga. Tõsta kõrvale, kuni karbikaste on valmis.

Määri valmistatud taignale ½ tolli servast karbikaste. Riputa peale mozzarella juust, seejärel puista peale Pecorino Romano.

Küpseta 10 minutit. Tõmmake pitsa ahjust välja ja asetage puidust lõikelauale. Tõsta peale petersell, lõika pitsalõikuri või terava noaga kaheksaks tükiks ja serveeri.

Toitumine (100g kohta): 541 kalorit 21 g rasva 1 g süsivesikuid 32 g valku 688 mg naatriumi

Küpsetatud ubade kalajahu

Valmistamisaeg: 10 minutit

Söögitegemise aeg: 10 minutit

Portsjonid: 4

Raskusaste: lihtne

Koostis:

- 1 spl palsamiäädikat
- 2 ½ tassi rohelisi ube
- 1 pint kirss- või viinamarjatomateid
- 4 (igaüks 4 untsi) kalafileed, näiteks tursk või tilapia
- 2 spl oliiviõli

Juhised:

Kuumuta ahi 400 kraadini. Määri kaks küpsetusplaati oliiviõli või oliiviõli pihustiga. Laota igale lehele 2 kalafileed. Valage segamisnõusse oliiviõli ja äädikas. Sega omavahel hästi segamiseks.

Sega rohelised oad ja tomatid. Sega omavahel hästi segamiseks. Sega mõlemad segud omavahel hästi kokku. Lisa segu võrdselt kalafileedele. Küpseta 6–8 minutit, kuni kala on läbipaistmatu ja kergesti helvestav. Serveeri soojalt.

Toitumine (100g kohta): 229 kalorit 13 g rasva 8 g süsivesikuid 2,5 g valku 559 mg naatriumi

Seene-tursahautis

Valmistamisaeg: 10 minutit
Söögitegemise aeg: 20 minutit
Portsjonid: 6
Raskusaste: lihtne

Koostis:

- 2 spl ekstra neitsioliiviõli
- 2 küüslauguküünt, hakitud
- 1 purk tomati
- 2 tassi hakitud sibulat
- ¾ tl suitsupaprikat
- (12 untsi) purk röstitud punast paprikat
- 1/3 tassi kuiva punast veini
- ¼ teelusikatäit košer- või meresoola
- ¼ tl musta pipart
- 1 tass musti oliive
- 1 ½ naela tursafileed, lõigatud 1-tollisteks tükkideks
- 3 tassi viilutatud seeni

Juhised:

Võtke keskmise suurusega keedupott, soojendage õli keskmisel kuumusel. Lisa sibul ja kuumuta segades 4 minutit. Lisa küüslauk ja suitsupaprika; küpseta 1 minut, sageli segades. Lisa tomatid mahlaga, röstitud paprika, oliivid, vein, pipar ja sool; sega õrnalt. Keeda segu. Lisa tursk ja seened; alanda kuumust keskmisele.

Sulgege ja keetke, kuni tursk on kergesti helvesteks, sega vahepeal. Serveeri soojalt.

Toitumine (100g kohta): 238 kalorit 7 g rasva 15 g süsivesikuid 3,5 g valku 772 mg naatriumi

Maitsestatud mõõkkala

Valmistamisaeg: 10 minutit

Söögitegemise aeg: 15 minutit

Portsjonid: 4

Raskusaste: keskmine

Koostis:

- 4 (igaüks 7 untsi) mõõkkala steiki
- 1/2 tl jahvatatud musta pipart
- 12 küüslauguküünt, kooritud
- 3/4 tl soola
- 1 1/2 tl jahvatatud köömneid
- 1 tl paprikat
- 1 tl koriandrit
- 3 spl sidrunimahla
- 1/3 tassi oliiviõli

Juhised:

Võta blender või köögikombain, ava kaas ja lisa kõik ained peale mõõkkala. Sulgege kaas ja segage ühtlaseks seguks. Patsutage kuivad kalapihvid; kata ühtlaselt ettevalmistatud maitseaineseguga.

Lisage need alumiiniumfooliumile, katke ja külmkapis 1 tund. Kuumuta pann kõrgel kuumusel, vala peale õli ja kuumuta. Lisa kalapraed; küpseta segades 5-6 minutit mõlemalt poolt, kuni see on läbiküpsenud ja ühtlaselt pruunistunud. Serveeri soojalt.

Toitumine (100g kohta): 255 kalorit 12 g rasva 4 g süsivesikuid 0,5 g valku 990 mg naatriumi

Anšoovise pastamaania

Valmistamisaeg: 10 minutit

Söögitegemise aeg: 20 minutit

Portsjonid: 4

Raskusaste: lihtne

Koostis:

- 4 anšoovisefileed, pakitud oliiviõlisse
- ½ naela brokkoli, lõigatud 1-tollisteks õisikuteks
- 2 küüslauguküünt, viilutatud
- 1-naelne täistera penne
- 2 spl oliiviõli
- ¼ tassi Parmesani juustu, riivitud
- Sool ja must pipar, maitse järgi
- Punase pipra helbed, maitse järgi

Juhised:

Keeda pasta vastavalt pakendile; nõruta ja tõsta kõrvale. Võtke keskmine kastrul või pann, lisage õli. Kuumuta keskmisel kuumusel. Lisage anšoovised, spargelkapsas ja küüslauk ning segage, kuni köögiviljad muutuvad pehmeks 4–5 minutit. Eemaldage kuumus; sega sisse pasta. Serveeri soojalt parmesani juustu, punase pipra helveste, soola ja peale puistatud musta pipraga.

Toitumine (100g kohta): 328 kalorit 8 g rasva 35 g süsivesikuid 7 g valku 834 mg naatriumi

Krevettide küüslaugupasta

Valmistamisaeg: 10 minutit

Söögitegemise aeg: 15 minutit

Portsjonid: 4

Raskusaste: lihtne

Koostis:

- 1-naelised krevetid, kooritud ja tükeldatud
- 3 küüslauguküünt, hakitud
- 1 sibul, peeneks hakitud
- 1 pakk teie valitud täistera- või oapastat
- 4 supilusikatäit oliiviõli
- Sool ja must pipar, maitse järgi
- ¼ tassi basiilikut, lõigatud ribadeks
- ¾ tassi kanapuljongit, madala naatriumisisaldusega

Juhised:

Keeda pasta vastavalt pakendile; loputage ja asetage kõrvale.

Valage keskmise suurusega kastrul, lisage õli ja soojendage seejärel keskmisel kuumusel. Lisage sibul, küüslauk ja segage, kuni see muutub läbipaistvaks ja lõhnavaks 3 minutit.

Lisa krevetid, must pipar (jahvatatud) ja sool; segage ja küpseta 3 minutit, kuni krevetid on läbipaistmatud. Lisa puljong ja hauta veel 2-3 minutit. Lisa serveerimistaldrikutele pasta; lisa krevetisegu peale; serveeri soojalt koos basiilikuga.

Toitumine (100g kohta): 605 kalorit 17 g rasva 53 g süsivesikuid 19 g valku 723 mg naatriumi

Äädikas Honeyed Salmon

Valmistamisaeg: 10 minutit

Söögitegemise aeg: 5 minutit

Portsjonid: 4

Raskusaste: lihtne

Koostis:

- 4 (8 untsi) lõhefileed
- 1/2 tassi palsamiäädikat
- 1 spl mett
- Must pipar ja sool, maitse järgi
- 1 spl oliiviõli

Juhised:

Sega mesi ja äädikas. Sega omavahel hästi segamiseks.

Maitsesta kalafileed musta pipra (jahvatatud) ja meresoolaga; pintselda meeglasuuriga. Võtke keskmine kastrul või pann, lisage õli. Kuumuta keskmisel kuumusel. Lisa lõhefileed ja küpseta segades, kuni see on keskelt keskmiselt harv ja kergelt pruunistunud 3-4 minutit mõlemalt poolt. Serveeri soojalt.

Toitumine (100g kohta): 481 kalorit 16 g rasva 24 g süsivesikuid 1,5 g valku 673 mg naatriumi

Apelsini kalajahu

Valmistamisaeg: 10 minutit

Söögitegemise aeg: 5 minutit

Portsjonid: 4

Raskusaste: lihtne

Koostis:

- ¼ teelusikatäit košer- või meresoola
- 1 spl ekstra neitsioliiviõli
- 1 spl apelsinimahla
- 4 (4 untsi) tilapia fileed, nahaga või ilma
- ¼ tassi hakitud punast sibulat
- 1 avokaado, kivideta, kooritud ja viilutatud

Juhised:

Võtke 9-tolline küpsetusvorm; lisa oliiviõli, apelsinimahl ja sool. Kombineeri hästi. Lisa kalafileed ja kata hästi. Lisa kalafileedele sibul. Katke kilega. Küpseta mikrolaineahjus 3 minutit, kuni kala on hästi küpsenud ja kergesti helbestatav. Serveeri soojalt, peale viilutatud avokaado.

Toitumine (100g kohta): 231 kalorit 9 g rasva 8 g süsivesikuid 2,5 g valku 536 mg valku

Krevettide Zoodles

Valmistamisaeg: 10 minutit

Söögitegemise aeg: 5 minutit

Portsjonid: 2

Raskusaste: lihtne

Koostis:

- 2 spl hakitud peterselli
- 2 tl hakitud küüslauku
- 1 tl soola
- ½ tl musta pipart
- 2 keskmist suvikõrvitsat, spiraalselt vormitud
- 3/4 naela keskmised krevetid, kooritud ja tükeldatud
- 1 spl oliiviõli
- 1 sidrun, mahl ja koor

Juhised:

Võtke keskmine kastrul või pann, lisage õli, sidrunimahl, sidrunikoor. Kuumuta keskmisel kuumusel. Lisa krevetid ja küpseta segades 1 minut mõlemalt poolt. Prae küüslauku ja punase pipra helbeid veel 1 minut. Lisa Zoodles ja sega õrnalt; küpseta 3 minutit, kuni see on täielikult keedetud. Maitsesta hästi, serveeri soojalt, peale peterselli.

Toitumine (100g kohta): 329 kalorit 12 g rasva 11 g süsivesikuid 3 g valku 734 mg naatriumi

Spargli forellijahu

Valmistamisaeg: 10 minutit
Söögitegemise aeg: 20 minutit
Portsjonid: 4
Raskusaste: lihtne

Koostis:

- 2 naela forellifileed
- 1-naelne spargel
- Sool ja jahvatatud valge pipar, maitse järgi
- 1 spl oliiviõli
- 1 küüslauguküüs, peeneks hakitud
- 1 sibul, õhukeselt viilutatud (roheline ja valge osa)
- 4 keskmist kuldset kartulit, õhukeselt viilutatud
- 2 roma tomatit, tükeldatud
- 8 kivideta kalamata oliivi, tükeldatud
- 1 suur porgand, õhukeselt viilutatud
- 2 spl kuivatatud peterselli
- ¼ tassi jahvatatud köömneid
- 2 supilusikatäit paprikat
- 1 spl köögiviljapuljongimaitseainet
- ½ tassi kuiva valget veini

Juhised:

Lisa segamisnõusse kalafileed, valge pipar ja sool. Sega omavahel hästi segamiseks. Võtke keskmine kastrul või pann, lisage õli.

Kuumuta keskmisel kuumusel. Lisa spargel, kartul, küüslauk, valge osa talisibul ja sega segades, kuni need on pehmenenud 4–5 minutit. Lisa tomatid, porgand ja oliivid; segage ja küpseta 6-7 minutit, kuni see muutub pehmeks. Lisa köömned, paprika, petersell, puljongimaitseaine ja sool. Sega segu korralikult läbi.

Sega hulka valge vein ja kalafileed. Kata madalal kuumusel kaanega ja hauta segu umbes 6 minutit, kuni kala on kergesti helvestav, sega vahepeal. Serveeri soojalt koos rohelise talisibulaga.

Toitumine (100g kohta): 303 kalorit 17 g rasva 37 g süsivesikuid 6 g valku 722 mg naatriumi

Kale Oliivi tuunikala

Valmistamisaeg: 10 minutit
Söögitegemise aeg: 15 minutit
Portsjonid: 6
Raskusaste: keskmine

Koostis:

- 1 tass hakitud sibulat
- 3 küüslauguküünt, hakitud
- 1 (2,25 untsi) purk viilutatud oliive, nõrutatud
- 1 kilo lehtkapsast, tükeldatud
- 3 supilusikatäit ekstra neitsioliiviõli
- ¼ tassi kapparid
- ¼ tl purustatud punast pipart
- 2 tl suhkrut
- 1 (15 untsi) purk cannellini ube
- 2 (6 untsi) purki tuunikala oliiviõlis, kuivatamata
- ¼ tl musta pipart
- ¼ teelusikatäit koššer- või meresoola

Juhised:

Leota lehtkapsast 2 minutit keevas vees; nõruta ja tõsta kõrvale. Võtke keskmise suurusega keedupott või keedupott, kuumutage õli keskmisel kuumusel. Lisa sibul ja kuumuta segades, kuni see muutub läbipaistvaks ja pehmeks. Lisa küüslauk ja kuumuta segades 1 minut, kuni see muutub lõhnavaks.

Lisage oliivid, kapparid ja punane pipar ning keetke segades 1 minut. Sega hulka keedetud lehtkapsas ja suhkur. Kata madalal kuumusel kaanega ja hauta segu umbes 8-10 minutit, sega vahepeal. Lisa tuunikala, oad, pipar ja sool. Sega korralikult läbi ja serveeri soojalt.

Toitumine (100g kohta): 242 kalorit 11 g rasva 24 g süsivesikuid 7 g valku 682 mg naatriumi

Teravad rosmariini krevetid

Valmistamisaeg: 10 minutit

Söögitegemise aeg: 10 minutit

Portsjonid: 6

Raskusaste: lihtne

Koostis:

- 1 suur apelsin, koorest ja koorest puhastatud
- 3 küüslauguküünt, hakitud
- 1,5 naela tooreid krevette, kestad ja sabad eemaldatud
- 3 supilusikatäit oliiviõli
- 1 spl hakitud tüümiani
- 1 spl hakitud rosmariini
- ¼ tl musta pipart
- ¼ teelusikatäit koššer- või meresoola

Juhised:

Võtke tõmblukuga kilekott, lisage apelsinikoor, krevetid, 2 spl oliiviõli, küüslauk, tüümian, rosmariin, sool ja must pipar. Loksutage korralikult ja jätke 5 minutiks marineerima.

Võtke keskmine kastrul või pann, lisage 1 spl oliiviõli. Kuumuta keskmisel kuumusel. Lisa krevetid ja küpseta segades 2-3 minutit mõlemalt poolt, kuni need on täiesti roosad ja läbipaistmatud.

Viiluta apelsin suupärasteks viiludeks ja lisa serveerimistaldrikule. Lisa krevetid ja sega hästi. Serveeri värskelt.

Toitumine (100g kohta): 187 kalorit 7 g rasva 6 g süsivesikuid 0,5 g valku 673 mg naatriumi

Spargli lõhe

Valmistamisaeg: 10 minutit
Söögitegemise aeg: 15 minutit
Portsjonid: 2
Raskusaste: lihtne

Koostis:

- 8,8 untsi hunnik sparglit
- 2 väikest lõhefileed
- 1 ½ tl soola
- 1 tl musta pipart
- 1 spl oliiviõli
- 1 tass madala süsivesikusisaldusega hollandi kastet

Juhised:

Maitsesta lõhefileed hästi. Võtke keskmine kastrul või pann, lisage õli. Kuumuta keskmisel kuumusel.

Lisa lõhefileed ja küpseta segades, kuni see on ühtlaselt kõrbenud ja hästi küpsenud 4-5 minutit mõlemalt poolt. Lisa spargel ja kuumuta segades veel 4-5 minutit. Serveeri soojalt koos hollandi kastmega.

Toitumine (100g kohta): 565 kalorit 7 g rasva 8 g süsivesikuid 2,5 g valku 559 mg naatriumi

Tuunikala pähkli salat

Valmistamisaeg: 10 minutit

Söögitegemise aeg: 0 minutit

Portsjonid: 4

Raskusaste: lihtne

Koostis:

- 1 spl hakitud estragoni
- 1 varsseller, kärbitud ja peeneks tükeldatud
- 1 keskmine šalottsibul, tükeldatud
- 3 spl hakitud murulauku
- 1 (5 untsi) tuunikalakonserv (oliiviõliga kaetud) nõrutatud ja helvestatud
- 1 tl Dijoni sinepit
- 2-3 supilusikatäit majoneesi
- 1/4 teelusikatäit soola
- 1/8 tl pipart
- 1/4 tassi piiniaseemneid, röstitud

Juhised:

Lisage suurde salatikaussi tuunikala, šalottsibul, murulauk, estragon ja seller. Sega omavahel hästi segamiseks. Lisa segamisnõusse majonees, sinep, sool ja must pipar. Sega omavahel hästi segamiseks. Lisa salatikaussi majoneesisegu; viska hästi kokku. Lisa seedermänniseemned ja viska uuesti läbi. Serveeri värskelt.

Toitumine (100g kohta): 236 kalorit 14 g rasva 4 g süsivesikuid 1 g valku 593 mg naatriumi

Kreveti supp

Valmistamisaeg: 10 minutit

Söögitegemise aeg: 35 minutit

Portsjonid: 6

Raskusaste: keskmine

Koostis:

- 1-naelised keskmised krevetid, kooritud ja tükeldatud
- 1 porrulauk, nii valged kui helerohelised osad, viilutatud
- 1 keskmine apteegitilli sibul, tükeldatud
- 2 spl oliiviõli
- 3 varssellerit, tükeldatud
- 1 küüslauguküüs, hakitud
- Meresool ja jahvatatud pipar maitse järgi
- 4 tassi köögivilja- või kanapuljongit
- 1 spl apteegitilli seemneid
- 2 spl kerget koort
- 1 sidruni mahl

Juhised:

Võtke keskmise suurusega keedupott või Hollandi ahi, kuumutage õli keskmisel kuumusel. Lisa seller, porrulauk ja apteegitill ning kuumuta segades umbes 15 minutit, kuni köögiviljad on pehmenenud ja pruunistunud. Lisa küüslauk; maitsesta musta pipra ja meresoolaga maitse järgi. Lisa apteegitilli seemned ja sega.

Vala puljong ja lase keema tõusta. Hauta segu madalal kuumusel umbes 20 minutit, sega vahepeal. Lisa krevetid ja küpseta 3 minutit, kuni need on lihtsalt roosad. Sega hulka koor ja sidrunimahl; serveeri soojalt.

Toitumine (100g kohta): 174 kalorit 5 g rasva 9,5 g süsivesikuid 2 g valku 539 mg naatriumi

Vürtslõhe köögiviljakinoaga

Valmistamisaeg: 30 minutit

Söögitegemise aeg: 10 minutit

Portsjonid: 4

Raskusaste: raske

Koostis:

- 1 tass keetmata kinoa
- 1 tl soola, jagatud pooleks
- ¾ tassi kurki, seemned eemaldatud, kuubikuteks lõigatud
- 1 tass kirsstomateid, poolitatud
- ¼ tassi punast sibulat, hakitud
- 4 värsket basiilikulehte, lõigatud õhukesteks viiludeks
- Ühe sidruni koor
- ¼ tl musta pipart
- 1 tl köömneid
- ½ tl paprikat
- 4 (5 untsi) lõhefileed
- 8 sidruni viilu
- ¼ tassi värsket peterselli, hakitud

Juhised:

Lisage keskmise suurusega kastrulisse kinoa, 2 tassi vett ja ½ tl soola. Kuumutage neid, kuni vesi keeb, seejärel alandage temperatuuri, kuni see keeb. Katke pann ja laske sellel küpseda 20 minutit või nii kaua, kui kinoapakend juhendab. Lülitage kinoa all olev põleti välja ja laske sellel enne serveerimist kaetult veel vähemalt 5 minutit seista.

Vahetult enne serveerimist lisage kinoale sibul, tomatid, kurgid, basiilikulehed ja sidrunikoor ning segage lusikaga kõik õrnalt kokku. Vahepeal (kuna kinoa küpseb) valmista lõhe. Lülitage ahjubroiler kõrgele sisse ja veenduge, et ahju alumises osas oleks rest. Lisage väikesesse kaussi järgmised komponendid: must pipar, ½ tl soola, köömned ja paprika. Segage need kokku.

Asetage foolium klaasist või alumiiniumist küpsetusplaadi peale ja piserdage seda mittenakkuva küpsetusspreiga. Aseta lõhefileed fooliumile. Hõõru vürtsiseguga iga filee peale (umbes ½ tl vürtsisegu filee kohta). Lisa sidruniviilud panni äärtele lõhe lähedale.

Küpseta lõhet broileri all 8-10 minutit. Teie eesmärk on, et lõhe kahvliga kergesti lahti kooruks. Puista lõhele petersell, seejärel serveeri sidruniviilude ja taimse peterselliga. Nautige!

Toitumine (100g kohta): 385 kalorit 12,5 g rasva 32,5 g süsivesikuid 35,5 g valku 679 mg naatriumi

Sinep Forell õuntega

Valmistamisaeg: 15 minutit

Söögitegemise aeg: 55 minutit

Portsjonid: 2

Raskusaste: raske

Koostis:

- 1 supilusikatäis oliiviõli
- 1 väike šalottsibul, hakitud
- 2 leedi õuna, poolitatud
- 4 forellifileed, igaüks 3 untsi
- 1 1/2 supilusikatäit leivapuru, tavalist ja peent
- 1/2 teelusikatäit tüümiani, värske ja hakitud
- 1/2 supilusikatäit võid, sulatatud ja soolamata
- 1/2 tassi õunasiidrit
- 1 tl helepruuni suhkrut
- 1/2 supilusikatäit Dijoni sinepit
- 1/2 supilusikatäit kappareid, loputatud
- Meresool ja must pipar maitse järgi

Juhised:

Valmistage ahi 375 kraadini ja võtke seejärel väike kauss välja. Enne soola ja pipraga maitsestamist segage riivsai, šalottsibul ja tüümian.

Lisage või ja segage hästi.

Pane õunad lõikepool üleval ahjuvormi ja puista peale suhkur. Laota peale riivsai ja vala pool siidrist õunte ümber, kattes nõu. Küpseta pool tundi.

Avage kaas ja seejärel küpsetage veel kakskümmend minutit. Õunad peaksid olema pehmed, kuid teie puru peaks olema krõbe. Eemaldage õunad ahjust.

Lülitage broiler sisse ja asetage rest nelja tolli kaugusele. Patsuta forell maha ja maitsesta seejärel soola ja pipraga. Pintseldage õli küpsetusplaadile ja asetage forell nahaga ülespoole. Pintselda ülejäänud õli nahale ja prae kuus minutit. Korrake õunu riiulil otse forelli all. See hoiab ära puru kõrbemise ja soojenemiseks peaks kuluma vaid kaks minutit.

Võtke kastrul välja ja vahustage ülejäänud siider, kapparid ja sinep. Vajadusel lisage veel siidrit, lahjendage ja küpseta viis minutit keskmisel kuumusel. Sellel peaks olema kastme konsistents. Valage mahl kalale ja serveerige igal taldrikul ühe õunaga.

Toitumine (100g kohta):366 kalorit 13 g rasvu 10 g süsivesikuid 31 g valku 559 mg naatriumi

Gnocchi krevettidega

Valmistamisaeg: 5 minutit

Söögitegemise aeg: 15 minutit

Portsjonid: 4

Raskusaste: raske

Koostis:

- 1/2 naela krevetid, kooritud ja väljatöötatud
- 1/4 tassi šalottsibulat, viilutatud
- 1/2 supilusikatäit + 1 tl oliiviõli
- 8 untsi riiul Stable Gnocchi
- 1/2 hunnik sparglit, lõigatud kolmandikuks
- 3 supilusikatäit parmesani juustu
- 1 supilusikatäis sidrunimahla, värske
- 1/3 tassi kanapuljongit
- Meresool ja must pipar maitse järgi

Juhised:

Alustuseks kuumutage pool supilusikatäit õli keskmisel kuumusel ja lisage seejärel oma gnocchi. Küpseta sageli segades, kuni need muutuvad lihavaks ja kuldseks. Selleks kulub seitse kuni kümme minutit. Asetage need kaussi.

Kuumuta ülejäänud teelusikatäis õli koos šalottsibulatega, küpseta, kuni need hakkavad pruunistuma. Segage kindlasti, kuid selleks kulub kaks minutit. Enne spargli lisamist segage puljong. Katke ja küpseta kolm kuni neli minutit.

Lisa krevetid, maitsesta soola ja pipraga. Küpseta, kuni need on roosad ja läbi küpsenud, mis võtab umbes neli minutit.

Tõsta gnocchi koos sidrunimahlaga tagasi pannile, küpseta veel kaks minutit. Segage hästi ja eemaldage seejärel tulelt.

Puista üle parmesaniga ja lase kaks minutit seista. Teie juust peaks sulama. Serveeri soojalt.

Toitumine (100g kohta):342 kalorit 11 g rasvu 9 g süsivesikuid 38 g valku 711 mg naatriumi

Krevetid Saganaki

Valmistamisaeg: 15 minutit

Söögitegemise aeg: 30 minutit

Portsjonid: 2

Raskusaste: keskmine

Koostis:

- 1/2 naela koorega krevetid
- 1 väike sibul, hakitud
- 1/2 tassi valget veini
- 1 supilusikatäis värsket ja hakitud peterselli
- 8 untsi konserveeritud ja kuubikuteks lõigatud tomateid
- 3 supilusikatäit oliiviõli
- 4 untsi fetajuustu
- Kuubikuteks lõigatud sool
- Natuke musta pipart
- 14 teelusikatäit küüslaugupulbrit

Juhised:

Võtke kastrul välja ja valage seejärel umbes kaks tolli vett, viies keemiseni. Keeda viis minutit ja seejärel kurna, kuid jäta vedelik alles. Aseta nii krevetid kui vedelik kõrvale.

Järgmisena kuumutage kaks supilusikatäit õli ja kui see on kuumutatud, lisage sibul. Küpseta, kuni sibulad on läbipaistvad.

Segage oma petersell, küüslauk, vein, oliiviõli ja tomatid. Hauta pool tundi ja sega, kuni see pakseneb.

Eemaldage krevettide jalad, tõmmates ära kestad, pea ja saba. Lisa krevetid ja krevetipuljong kastmesse, kui see on paksenenud.

Keeda viis minutit ja lisa seejärel fetajuust. Lase seista, kuni juust hakkab sulama, ja serveeri siis soojalt.

Toitumine (100g kohta): 329 kalorit 14 g rasva 10 g süsivesikuid 31 g valku 449 mg naatriumi

Vahemere lõhe

Valmistamisaeg: 10 minutit

Söögitegemise aeg: 20 minutit

Portsjonid: 2

Raskusaste: lihtne

Koostis:

- 2 lõhefileed, nahata ja 6 untsi
- 1 tass kirsstomateid
- 1 supilusikatäis kapparid
- 1/4 tassi suvikõrvitsat, peeneks hakitud
- 1/8 teelusikatäit musta pipart
- 1/8 tl meresoola, peen
- 1/2 supilusikatäit oliiviõli
- 1,25 untsi küpseid oliive, viilutatud

Juhised:

Kuumuta ahi 425 kraadini ja puista seejärel soola ja pipart kala mõlemale küljele. Asetage kala ühe kihina küpsetusnõule pärast küpsetusvormi katmist küpsetuspihustiga.

Kombineerige tomatid ja ülejäänud koostisosad, lusikaga fileedele ja seejärel küpsetage kakskümmend kaks minutit. Serveeri soojalt.

Toitumine (100g kohta): 322 kalorit 10 g rasvu 15 g süsivesikuid 31 g valku 493 mg naatriumi

www.ingramcontent.com/pod-product-compliance
Lightning Source LLC
Chambersburg PA
CBHW070423120526
44590CB00014B/1518